女人三十 PLUS

男人三十而立，
女人三十而「慄」？

一本書讓妳事業與愛情都兼顧，
零壓力享受自己的輕熟時代！

U0075456

章含，洪子 編著

面對無情的歲月流逝，女人往往承受更龐大的社會壓力，
長輩各種催婚、催生，保持單身就被貼上「剩女」的標籤？
工作和家庭兩頭燒，婚姻與事業真的不可兼得？

人生是自己的，誰也無法決定他人的未來！

心態調整 × 自我充實 × 職涯發展 × 理財規劃

擺脫年齡焦慮症，活出自己的精緻人生

目錄

Contents

前言

還記得17、18歲時的妳嗎？天真爛漫，無憂無慮，可以肆無忌憚地放聲大笑，也曾為文學作品或影視作品中的人物而潸然淚下。在花樣年華的青春歲月，妳渴望快點長大，但時間過得那麼慢。終於，妳跨過了20歲的門檻……

20幾歲的妳，是春天裡的第一朵玫瑰！妳有大把的青春可以放肆綻放，妳骨子裡有著內在的優越感，妳談著風花雪月的戀愛，讀著形形色色的書籍，或朝九晚五地上著懶懶散散的班……但最美好的日子，總是過得很快！在享受眾人讚嘆與羨慕時，一不小心，妳就30歲了。

都說男人三十而立，而女人三十而「慄」。「30」這個普通的數字，用在年齡上總是讓女人多少有些惶恐與顫慄。30歲的女人，站在青春之河的岸邊，望著河裡亮麗光鮮的小女孩，心頭突然湧上一些莫名的憂傷、孤獨以及茫然。

30歲，對一個人來說，是生命的一個階段性的總結。對於女人來說，30歲是結束也是開始。

結束的是少女時代那些蓬勃的稚氣與夢想，開始的是成熟女人那些清楚的理想和追求。30歲的女人，經歷歲月的洗禮，拋卻了小女孩的嬌縱任性，舉手投足間給人的感覺不僅僅是心動，更多的是不同的味道，帶有風情、氣質、修養與妖嬈。

一位優秀的女士曾經說過：女人如果在30歲時還學不會掌握自己，那她的一生有可能就會馬馬虎虎地過去了。換言之，女人應該在30歲時就為自己的成功打好基礎。30歲的女人不需要過於糾結身體的豐滿與否，而應該努力豐富自己的內在。30歲的女人不一定要事業有成，但一定要有事做；做的事不一定要很賺錢，但一定要有意義。

無論妳是20歲剛出社會的青澀女孩，還是30歲已經在社會上歷練一段時間的成熟女性，內容除了有對時間如斯的驚嘆，更含有對青春歲月的不捨、不甘，以及對未來的些許迷惘，也有對虛擲大好青春的20多歲的人的警告。20多歲的女孩是片蔚藍色的天空，可以是悲傷的，也可以是歡暢的。但請記住，她一定是有追求的。人終會長大，重要的是，要讓心靈的成長和年齡的增長盡量同步。生命最耗不起的是時間，不要等到30歲才知道時間寶貴，在嘆息歲月虛耗的同時後悔沒有珍惜20多歲時的一切。

編者

第一章
妳要懂得活出真我

這個世界上不了解我們的人，往往不是別人，正是我們自己。

女人大多都太感性了，容易把自我的生活寄託在別人身上，或是按照別人的想法過自己的人生。然而生活是自己的，只有懂得活出真我，才能真正收獲快樂。若總是活在他人的生活軌跡中，最多只能算個「複製品」。

聰明的女人，若不想在歲月不知不覺流失之前擁有幸福的人生，請先做一個懂得活出自我的女人！

要學會客觀地認識自己

很多人都有一個習慣，那就是在空閒的時候做做心理測試來打發時間，然而心理測試總有不遂人願的時候，每當那個時候，女人們又會耿耿於懷，這到底是為什麼呢？和男人相比，女人對自己的認知感相對較弱，簡言之，就是客觀認識自己的能力比較弱，因此女人常常寄望於他人甚至是某些星座測試、心理測試來對自己做出相對準確的認知。

生活中，60%以上的女人都曾迷信過命理之說，然而當她們發現最近時運不佳時，就會為此耿耿於懷，甚至憂心忡忡；而當她們發現最近的戀情不穩定時，又會加重她們的敏感多疑，甚至在許多情況下，她們的另一半並沒有做出什麼出格的事情，也會被她們這種無端的懷疑而鬧出事情來，這樣一來，能擁有幸福的生活才怪呢！結果顯而易見，她們常常因為過於患得患失，最後真的失去了那個人，在此之後，女人們在緬懷痛苦的同時，也更堅信所謂的命理之說了。

事實上，任何一個女人在生活中、感情中都會或多或少遭遇點不快或不順。假如她們因此而輕易相信命理之說，按照他人的認知生活，最後她們就會把那些不該發生的事情，在認知的改變下全部讓其發生，在心理學上，這種反應被稱之為「驗證性偏誤」。

經常做心理測試的女人不難發現這樣一個問題，一般情況下每個心理測試最終會有四個結果，試想一下，假如全世界的女人都來做這個測試，每個人都找到一個結果，那一個結果要對應幾億女人，而妳能認為這種可以適用幾億女人的答案，就是對於妳本人的客觀認知嗎？當然除非妳認定自己真的那麼「從眾」。

女人習慣了接受外界對自己的認知，如果這些認知是積極的，她們會因此而喜悅不已；反之，如果認知是消極的，她們便會因此而煩躁惆悵，甚至就此失去生活的信心及樂趣。當一個女人穿著同樣一套衣服，在她出門前給出正反兩種不同的評價後，我們不難發現，正面的評價會讓這個女人信心倍增，並認同自己搭配很漂亮、很得體；而當對她作出反面的評價時，她便開始懷疑自己的判斷，甚至開始覺得自己的著裝很糟糕，接下來一整天心情都不會很好。

生活中，大部分女性朋友都表現得非常感性，總是渴望在某些特定時刻，比如迷茫或者不知所措的時候，可以從身邊人的身上尋找到一些適合自己人生的經驗。長此以往，女人生命中的大部分時間是活在他人的眼光中的，幾乎沒有正確的自我認知，極易成為人云亦云的「犧牲品」。

陳美美出生在臺北，3歲了她還不會說話，社區鄰居都以為她是個啞巴，甚至就連她媽媽也逐漸這麼認為，直到陳美美5歲的時候，她才會叫爸爸，但她的語速非常慢，聽起來就像是口吃，她對熟悉的字卻說得還算快。這種狀況一直沒有好轉，直到陳美美上高一，那時電視臺到她們學校招收實習生，每個人需繳交新臺幣九千元的費用，培訓結束就可以留在電視臺工作，陳美美非常嚮往，她從小就迷戀電視臺的主播，並想成為一名優秀的主播，於是她把自己的想法告訴了爸爸，說自己要去電視臺培訓，但她這個決定剛說出口就被全家人否決了，大家認為她常常連話都說不清楚，怎麼能去電視臺當主播，這完全等於白花錢。

陳美美看著幾個要好的朋友都領取了報名表，自己很難受，這時她阿嬤把她叫進了房間，阿嬤問陳美美：「美美，告訴我妳為什麼想去電視臺？」陳美美看了看阿嬤說：「因為那是我從小的夢想。」

「可是別人都說妳說話不行，語速很慢，很像口吃，口吃怎麼能進電視臺呢？」

「我知道，但我不是口吃啊，我只是說得比別人慢一點，如果我把一篇文章多讀幾遍，我就能讀得很好啦。」

「真的嗎？」阿嬤故作半信半疑地問陳美美。「是真的，阿嬤，不信我讀給妳聽。」說完，陳美美就把一篇自己很熟悉的文章讀給阿嬤，是的，的確很流暢，阿嬤點點頭說：「沒錯，妳沒有口吃，別人那麼說是因為不了解妳，美美，妳要幫阿嬤爭光。」說完，阿嬤把九千元遞給了陳美美。

陳美美領取了報名表，面試在三個月以後的暑假舉行，也就是說她有三個月的時間為這次面試做準備，她每天都告訴自己，她說得不比任何人差，文筆很好的她為自己寫了一篇非常棒的演講稿，她每天都讀一遍，並在讀完之後，告訴自己，「這就是我，我沒有口吃，他們只是不了解我！」

三個月的時間很快就到了，陳美美拿著自己的報名表走進了面試中心，通過了筆試之後，她成功進入到複試，在面對評審和臺下的兩百多名選手時，她非常流利地完成了自己的演講，那些被認為沒有語言障礙的人卻因為緊張變得結結巴巴。

兩天後，陳美美收到錄取通知書，她非常高興，而更讓人們驚訝的是，陳美美從此之後，話說得越來越流暢了。這一消息也讓她的鄰居們驚訝不已，他們紛紛都說：「陳美美不是口吃嗎？怎麼可能進電視臺呢？」而每當這個時候，陳美美的阿嬤都會這樣說：「那是因為你們不了解她，她說得很好！」

一個從小被認為有語言障礙的女孩，沒有人會認為她能進入電視臺，然而她卻憑藉著自己的努力，掙脫了別人的「輿論」，成了預期幸福的未來女主播。從這個故事中我們不難看出，來自外界的認知對一個女人的影響有多大，如果陳美美不相信自己能夠做到，而是順從別人的態度，久而久之，她很可能真的會成為口吃的人，更不可能擁有今日的生活，實現自己的夢想！

女人的生活是千姿百態的，然而生活的方式卻通常沒有太大的差異，不可避免要經歷生老病死、結婚生子，大部分女人所遇到的問題也都類似，所以便不可避免會將生活中一些概括性的描述強加於自己的身上。這也是大部分女人總能透過電視或者小說中的情節找到自己影子的原因之一。事實上，生活就是這樣的，萬變不離其宗，而女人較細膩感性，更容易受到外界評論的影響，並自然地將她人的「人生經驗」作為自己人生的參考，以至於長久之後完全迷失自我，失去了自我。

那身為女人，應該如何規避生活中的這些認知，避免成為他人認知的奴隸，找對對自我的客觀認知呢？答案其實很簡單，那就是從正確的認識自我做起。人們總是不停地說「認識妳自己」，但真正做到的人卻寥寥無幾。如果一個女人不能在生活中正確、客觀地認知自己，只有盲目地依靠別人的認知來界定自己，這樣就很容易被他人的看法主宰。只有保持一顆淡然、平靜的心，正確認識自己，做真實的自己，妳才能離幸福生活更進一步，離成功更進一步！

綜上所述，女人首要的一件事，就是客觀地認識自我，擺脫他人的認知！

貼心提醒

女人的生活是千姿百態的，然而生活的方式卻常常沒有太大的偏差，不可避免要經歷生老病死、結婚生子，大部分女人所遇到問題也都類似，所以，便不可避免會將生活中一些概括性的描述強加於自己的身上。這也是大部分女生總能透過電視或者小說中的情節找到自己影子的原因之一。事實上，生活就是這樣的，萬變不離其宗，而女人生性敏感多疑，更容易受到外界評論的影響，並自然地將她人的「人生經驗」作為自己人生的參考，以至於長久之後完全迷失自我，失去了自我。

掌控命運，比命運本身更重要

命運不該是上天注定的，而是取決於一個人對人生的態度，俗話說得好「種瓜得瓜，種豆得豆。」妳對自己的人生做出何種選擇，便會收獲怎樣的生活。而做出何種選擇，則取決於妳對待自己人生的態度及心理傾向，換言之，女人的心態決定其對人生的選擇，對命運的選擇。從某種角度而言，人們口中所說的命運，不過是一種心理傾向罷了。

年齡即將奔三的女人，能否對自己的人生做出正確的選擇，選擇用正確的心態面對人生，關係著一個女人能否擁有「好命」！

生活中許多女人們都在尋找「好命」的方法，那究竟該如何做呢？或者說，女人要多注意生活中的哪些面向而讓自己更趨向於「好命」呢？

對於絕大多數女人而言，感情會是生活中的重頭戲，每個人都希望自己的感情能夠有一個好的結果，和另一半結婚，然而也有些女人為愛昏了頭，選錯了婚姻，從而開始了不幸的生活，因此，女人若想「好命」，一定要慎重對待婚姻。

婚姻生活中，女人的生活對比以往會發生巨大的變化，有的女人單純為了能夠生活得好而嫁給有錢人，雖然名譽、地位都有了，卻不幸福；有的人為了愛嫁給了窮小子，但因為有著要將生活過好的決心，最終會很幸福。所以女人在選擇什麼樣的婚姻的時候，也就決定了她要過的是什麼樣的生活。

一定要做好充分的準備，因為一旦輕易地做出選擇，妳一生的命運也許就隨之而定了。生活中絕大多數時候，我們的命運並非由天注定、不可更改，只是很多女人在為改變命運之前就先選擇了放棄！除了影響女人一生的婚姻抉擇之外，父母對其命運也有著至關重要的影響。

澳洲有位臨床心理學家在其著作中有這樣的觀點：「不幸的父母會在子女的腦海裡，不斷記錄自己的不幸。」在中國，許多農村女孩會重複她母親的人生軌跡，在農村找個媒人介紹一下，要點聘禮，婚後又要像她母親一樣在農村生活一輩子。像某故事中的牧羊人一樣，牧羊、賺錢、娶妻、生子、牧羊，周而復始……所以，建議各位年輕的女孩子在三十歲之前一定要先學會獨立，走出父母的生活圈，感受一下世界的精彩與不同，也許在不經意間，妳就有可能跳出原有的人生軌跡，收獲別樣的精彩人生，沒有人的一生是一成不變的，妳自己決定著妳今後該走什麼樣的路！

當代社會中，有兩個很熱門的詞，富二代和窮二代，不少人覺得富二代因為家長有錢，所以孩子也有錢，而窮二代因為長輩沒錢，自然也就沒錢，這樣的說法的確不無道理，但實際上，決定他們命運的還有他們自己對自己的認知，如果自己不努力，就算家裡有再多的錢也會被耗盡，反之，就算出身再不好的人，若後天努力，也能創造出驚人的財富，這就是對自我命運的掌握。

出身並不是決定人生成就的關鍵因素，但不可否認的是家庭環境會對人造成重要影響，若沒有意識到家庭成員陳舊的觀念，長久以來很有可能會對自己造成不良影響。

程英麗來自一個貧困的家庭，從小看著父母怎樣省吃儉用，怎樣為錢煩惱。父母經常叮囑程英麗要節儉，不要亂花錢。程英麗也很為父母著想，從不亂花一塊錢。長大以後的程英麗依然樸素，過著勤儉節約的日子。她從來也沒有想過自己可以過上富裕的生活。

大學期間，她開始戀愛，找了家庭狀況也很不好男友，但是她一點也不介意這一點，還為自己純潔的精神戀愛而自豪。雖然她上了不錯的大學，但是畢業之後，她和她的男友從未想過賺什麼大錢，認為自己的人生就該是那樣的，就像父母說的，平平淡淡就好，沒有什麼別的奢望，也毫無奮鬥的動力，找了一份簡單的工作，兩個人就覺得滿足了。現在快30歲的她依然生活拮据，只知道怎麼省錢，不知道怎麼賺錢。

毫無疑問，程英麗受父母影響很深，貧困的觀念已經內化為一種潛意識，成為她追求幸福的羈絆。不知不覺中，在人生路口上每一個決定命運的重要關口上，她都做出了不算很明智的選擇，而她自己卻渾然不覺。

而那些同樣出身貧窮卻很成功的人，他們摒棄了貧窮和不幸的觀念，選擇了與父母截然不同的生活方式，這是她們成功的關鍵。

奔三的女人，想要改變自己的命運，過與長輩不同的生活，那在尊重、熱愛父母的同時，也必須要認真反思上一輩人貧窮的根源所在，多問問自己，鼓動自己去尋找原因，在人生每一個關鍵的岔路口，他們是怎樣選擇的？妳在做人生的選擇時，是不是受到了父母的影響？而那些影響又是不是正確的呢？

對於女人來說，改變命運的最佳時期就是奔三前的那幾年。如果妳錯過了20幾歲這個關鍵時期，以後就很難再找到更好的機會了。因為事實證明，一個人想要在短時間內改變自己的心態及心理認知是很難的一件事，尤其是對於天性較敏感且感性的女人而言，這一點會隨著年齡的增長而越來越顯著。所以身為女人，在妳奔三之前，想要活出「好命」，就從現在著手改變自己對命運的認知和態度吧！

下面就為大家簡單說一下，應該如何改變自己的認知。

首先，心之所向定能成為現實。

女人常常會懷疑命運，這也是導致女人生活不幸的誘因之一，想要活出精彩，首先要堅信自己一定能夠幸福，不管在任何情況下，都不要懷疑這一點。不要小看這些對自己命運的肯定，心理學家研究表明，積極的心理暗示非常重要，因為它會潛移默化地滲入妳的內心，從而使妳的行為發生改變。不要認為自己生來就與「好命」無緣。如果妳同執地這樣想，那妳就注定與幸福無緣了。

不過話說回來，哪個女人不希望自己過上幸福的生活呢？誰不想做一個「好命」的女人呢？但很多時候妳會發現，生活中那些所謂的苦命女人，並非命運帶給了她們苦難，而是她們選擇了苦難的命運，自己卻毫不自知。

其次，當妳堅信自己會是一個幸福的女人之後，妳接下來要做的是努力找出目前生活中讓妳不滿意的源頭，並且積極改變它們，這個過程對於妳通往幸福之路是非常重要的。

如果妳覺得當下的生活令妳不太滿意，那妳就該仔細想一想，是什麼造成了妳現在的境遇，因為感情還是因為工作呢？總之，無論是什麼妳都要把那個原因找出來，只有這樣妳才能夠對症下藥，治標治本。

但有意思的是，不幸的人往往不懂得從自己身上尋找不幸的根源，總是把不幸的原因歸咎於他人或命運。殊不知，真正讓自己不幸的就是自己。命運掌握在自己手中，就看自己能否合理取捨、做出正確的抉擇，有所失才能有所得，追求幸福，必須懂得放棄。

聰明的人知道，命運不是天注定的，而是靠自己選擇出來的。這樣的人總會冷靜地思考讓自己生活不幸的原因，並且果斷地從泥濘之中走出來，從不猶豫。

的確每個人都要知道，生活中沒有什麼是命中注定的，關鍵在於妳有沒有改變自己命運的勇氣和意志。當妳把生活的困擾一一解開之後，妳對妳的人生、妳的命運也就會越堅定，越能更好地掌握自己的人生。

最後，走出慣有的態度，行動起來。

一個人的習慣養成了就很難改變，若一個人一直認為自己的命運不濟，並且不思上進，就很容易成為慣性。慣性形成後，很多女人就會變得麻木，甚至害怕改變，不能承受因為改變所要經歷的痛苦，從而安於現狀。看吧，這種慣性的力量是非常強大的，以至於她們根本顧不上別人為她們著想的忠告。而她們也意識不到，正是自己無法衝出懦弱的慣性才致使自己的生活走向了不幸。

天上不會掉餡餅，幸福是需要我們不斷爭取的，有人說，幸福應該是動態的，是需要妳不斷尋找的。沒有哪個幸福的女人是源自百分之百的幸運，她們有追求幸福的勇氣和清晰的判斷力，她們得到的幸福只是她們應得的回報。好命也是一樣，它不是與生俱來的，是需要妳後天不斷尋找的，只有堅信自己的命運，掌握命運，妳才能成為一個真正幸福的女人！

很多時候，命運就像是女人手中的一塊泥巴，要捏成什麼形狀，全憑她們自己。

貼心提醒

每個女人都要知道，生活中沒有什麼是命中注定的，關鍵在於妳有沒有改變自己命運的勇氣和意志。當妳把生活的困擾一一解開之後，妳對妳的人生、妳的命運也就會越堅定，越能更好地掌握自己的人生。

保持自己的本色，才能走上坡路

想要活出精彩人生，就不能隨波逐流，人云亦云，最重要的是要保持自我的本色，只有這樣，才能不斷地完善自己的生活，走上坡路。生活是自己的，無論好壞，只能由自己來決定。

蔡文靜從小格外敏感而且靦腆，她的身材較為圓潤，而她的臉使她看起來比實際還胖。蔡文靜有個觀念傳統的母親，她認為總是花太多心思在穿衣打扮上是不對的。她總是對蔡文靜說：「衣服隨便穿就可以，沒有必要太過挑剔。」而她總照著這句話來幫蔡文靜準備衣服，多半都會挑選偏中性的款式。所以蔡文靜從來不和其他的孩子一起參與戶外活動，甚至不和同學們一起逛街或出去玩。她非常害羞，覺得自己和其他人都不一樣，完全不討人喜歡。

長大之後，蔡文靜嫁給了一個比她大好幾歲的男人，可是她並沒有改變。她丈夫一家人都很好，也充滿了自信。蔡文靜盡最大努力融入他們的生活，可是她做不到。他們為了讓能蔡文靜開朗起來，積極地做每一件事情，但結果往往都適得其反，只會令她再退縮到她的殼裡去。蔡文靜變得緊張不安，躲開了所有的朋友，情況糟到她甚至怕聽到門鈴響。蔡文靜開始覺得自己是一個失敗者，但又不想讓丈夫發現這一點，所以每次他們出現在公共場合的時候，她都假裝很開心，結果常常表現不好。那段時間對於蔡文靜來說簡直就是煎熬，她甚至失去了生活下去的勇氣，認為她的生活失去了意義。

但後來有一件事改變了蔡文靜，從那以後她變得快樂起來，究竟是什麼事改變了她呢？有一天，她的婆婆正在談她怎麼教養她的幾個孩子，她說：「不管事情怎麼樣，我總會要求他們保持本色。」

「保持本色！」就是一句話！在一剎那間，蔡文靜終於明白了長久以來自己為什麼生活得那麼難過，就是因為她一直在試著讓自己進入一個並不適合自己的模式。

蔡文靜後來回憶道：「從那之後，我就開始改變我自己，近30年來，我一直活在別人的圈子裡，沒有找到自我，從那之後，我開始保持本色，依照我的個性而生活，按照我的喜好去選擇我喜歡的衣服，而且還聯絡了多年沒有聯絡的朋友……」

沒錯，活出本色，這樣一個舉動讓蔡文靜重獲新生，也終於讓她找到了屬於自己的精彩人生。對於現實生活中的女人而言，也應該如此，不要活在他人的眼光或輿論之中，要活出自己的本色，父母的建議固然重要，另一半的想法也要考慮，但妳始終要記得，生活是妳自己的，無論有多少人的建議，最後去實施的也只能是妳自己，沒有人能夠代替妳生活，更何況，沒有人能比妳還了解妳自己，所以，從現在起，為了精彩的人生，做妳自己吧！

是的，對於奔三的女人而言，想要獨立的生活，想要幸福的人生，就一定要懂得保持本色的生活，要懂得尊重自己的原本，修正缺點固然重要，但不要刻意為了改變而改變，到最後迷失了自我。

貼心提醒

想要活出精彩人生，就不能隨波逐流，人云亦云，最重要的是要保持自我的本色，只有這樣，才能不斷地完善自己的生活，走上坡路。生活是自己的，無論好壞，只能由自己來決定。

有主見的女人生活才會精彩

蔡依林在〈花蝴蝶〉裡這樣唱：「花蝴蝶的美的豔，的炫若沒三審定讞，那些路人甲們，憑什麼發言惹人討厭」，雖然這是一句帶有個人情緒的歌詞，但若細細品味，也不難發現問題，想要成為完美的「花蝴蝶」，除了自身的基礎外，最重要的是不能以他人意志為中心調整自己的人生，換言之，就是女人若想美麗、完美，就一定要有自己的主見，不會因為他人反對而輕易放棄自己已經決定的事情。堅持自己的主見，對於女人來說非常重要，為什麼呢？因為女人都是感性的，有時候自己已經做好的決定，就因為別人的幾句話就會輕易改變。對女人來說，做決定難，堅持自己的決定更難，過於自信是自負，但是盲目聽從他人的意見就是糊塗，雖然有些時候，妳的決定會被大多數人否定，但對妳自己而言，卻都是根據自己的情況而做出的決定，畢竟最了解自己的人是妳自己，更何況真理源自少數人，之後才會被多數人所接受，與其人云亦云，不如堅持自己的決定！

女人天生依賴性較男人強，因此女人更容易被他人的意見左右，但如果做什麼事情都要他人點頭認同，那妳很可能就會像塵土一般，絕不會有什麼大作為。

做一個有主見的女人才是妳的明智之舉。雖然生活中，妳需要扮演太多的角色，很不容易，也很辛苦，在這樣的情況下，妳渴望有一個人來給妳指引方向，但妳也要知道，別人的意志始終代表不了妳的想法，與其讓自己辛苦地活在他人的意願之中，不如活在自己的想法之中。做一個有主見的女人，妳所需要面對的事情有很多，最重要的一點就是一定不能人云亦云，要理性對待周圍人的意見。

如果妳是一個職場白領女性，擁有主見的妳就不會因為妳的性別而被輕易忽略，妳也會在自己的奮鬥中收獲同事們的肯定與尊重；如果妳是家庭主婦，擁有主見的妳會讓家庭生活更加輕鬆愉快，妳不會再為瑣碎的事情舉棋不定，詢問妳的丈夫，妳的丈夫也會為娶到妳這樣一個賢能的妻子而自豪。

女人都是美麗的，而有主見的美麗女人是幸福的。作為一個事業型的白領女性，主見對妳來說就像是汽油之於汽車，有了它妳才能更好地馳騁在人生之路上，才能讓妳的上司清楚地知道妳的能力，才不會被同事利用成為代罪羔羊，才能贏得同事們對妳的信任和尊重。

生活中，幾乎所有的人都經歷過動搖己見的時候，因為想得到他人的認可，想要出類拔萃，於是按照別人的意願放棄了自己的堅持，卻想不到這樣做的結果常常不能如願，反而會讓自己得不償失。那些習慣了事事詢問他人的意見，依賴性也很強的女人，總是渴望能夠聽從經驗之談，卻完全忽略了自己的決策能力和思考能力，長此以往，她們很容易在工作中成為他人的配角，辛苦的工作得不到應有的回報，反而成了為他人做的嫁衣，無法實現自己原來的理想與抱負。

女人要有自己的主見，儘管聽從他人的經驗之談有時可以讓妳少走彎路，但那只發生在少數事情上，如果妳事事都人云亦云，踏著別人的腳印前進，不僅會喪失生活的能力，還會掩埋自己的光芒，讓自己生活得庸庸碌碌。

作為一個女人，妳想要在事業上有所成就，在生活中掙脫「弱勢群體」的束縛，就一定要有自己的主見，或許妳的力量、獨立性都比男人差一點，但妳依舊要堅持自己的原則，過自己的生活，妳可以讓妳愛的他為妳承擔一部分生活的壓力，但絕對不能有事事依賴他的打算。

如果妳要做有主見的女人，獨立面對生活、工作中的事情，堅持自己的觀點，如果妳已經思前想後、權衡利弊，那走妳的路，讓別人說去吧，即便妳可能會因此失去什麼，但妳已用自己的力量證明，妳是個獨立、有主見的幸福女人，妳完全能夠以自己的能力去創造屬於自己的幸福。

女人應該有自己的主見，自己獨立決定自己的事情，為自己的生活喝彩，這樣妳將會贏得更多的快樂與成功，收獲幸福的人生！

貼心提醒

女人都是美麗的，而有主見的美麗女人是幸福的。作為一個事業型的白領女性，主見對妳來說就像是汽油之於汽車，有了它妳才能更好地馳騁在人生之路上，才能讓妳的上司清楚地知道妳的能力，才不會被同事利用成為代罪羔羊，才能贏得同事們對妳的信任和尊重。

要擁有一顆「自信心」

妳時常會懷疑自己嗎？會質問自己在人生中所處的位置嗎？在生活中，妳覺得什麼樣的女人才能收獲幸福，妳最應讓自己成為什麼樣的女人呢？是氣質型的優雅女人，還是才能型的智慧女人……無論妳想讓自己成為哪一種人，都必須有一個前提條件，那就是對自己百分之百的相信，從不懷疑自己，所謂從不懷疑並不等同於完全的自負，而是源自時間沉澱後的成熟與睿智；不懷疑就代表著對自己充滿自信，試問一個時時刻刻都充滿自信、懂得為獨一無二的自己喝彩的女人，怎能不讓人去愛呢？

放眼望去，在我們的生活中，那麼多的女人憑藉著自己的能力及不認輸的自信心，贏得了社會的肯定與成功，為自己開創了一條幸福之路，過上了快樂的日子。而那些終日自憐自哀缺乏自信心的女人，則只能庸庸碌碌地生活。假如妳渴望獲得幸福的人生，那一定不要懷疑自己，要時刻充滿自信，只有這樣妳才能夠進一步地完善自我、實現自我的夢想，才能更好地立足於社會之中，才能有機會去詮釋屬於自己的幸福。

林菲菲是一家投資公司的客戶專員，但自入職以來，她一直業績平平，究其原因才知道，她從小就害怕與陌生人打交道，並一直為自己的暴牙而自卑不已，就連拍照的時候，她也有意無意地掩飾自己的嘴巴，不是抿著嘴就是用手擋著，非常怕別人發現她的暴牙會笑她。為此，她甚至不惜花費大量的時間和金錢，尋找修飾暴牙的方法。沒有自信、沒有微笑，這對於從事業務的她來說絕對是致命的絆腳石，很難得到客戶的認可！

後來，她所在的公司招集員工進行培訓，其中有個項目是心理極限測試——高空彈跳。公司很多男同事站到高臺後，遲遲不敢跳下去，很多女同事甚至連上高臺都不敢。輪到林菲菲了，她站在高臺樓梯處猶豫著，一旁培訓的老師不斷鼓勵她，一段時間的掙扎後，林菲菲下定決心嘗試一下，她想說不定這種強烈的刺激能夠緩解她內心的自卑感和社交恐懼感。

林菲菲在心裡默默地告訴自己：放鬆，很安全。一番心理建設之後，林菲菲決定衝一次，最後她成功地完成了這次高空彈跳測試，為了鼓勵身邊的同事們也大膽地進行測試，林菲菲又主動要求跳了一次，同事們紛紛對這個平日寡言少語的女孩投來了讚賞的目光，而林菲菲也第一次在同事面前張開嘴笑了，那一刻她忘記了她的暴牙，而事實上，也沒有人會在意她的暴牙。在林菲菲的鼓勵下，很多女同事都成功完成了高空彈跳，事後大家都說，是林菲菲給了她們信心。

這次挑戰讓林菲菲重拾自信，她不再擔心自己的暴牙不夠完美，不再恐懼與他人交談，笑容越來越多，業績也越來越好，再加上一直以來的努力與勤勞，不出一年，林菲菲就成了公司內的金牌業務。

現實中，的確很多女人都會為自身的一些小問題而感到自卑，想方設法去掩飾，甚至是逃避，但結果只能讓自己變得更加不安，使自己陷入困境，無法正常生活和工作。實際上，身為女人，完全沒有必要為了一點小小的瑕疵就低著頭自卑做人，俗話說得好，「金無足赤，人無完人」，世界上本就沒有十全十美的人，又何必非要要求自己完美無缺呢？想要收獲幸福的生活，妳就該讓自己學會忽略生活中或自身那些無關緊要的小缺點，充滿自信地生活。聰明的妳要知道，如果一個人內心渴望得到最好的，那麼她最後往往能成為最好的，只要她相信自己，不懷疑自己。

人們常這樣說：「美麗的女人不及可愛的女人，而可愛的女人不及自信的女人」，事實正是如此，一個女人就算長得再美麗，若缺乏自信，其美麗也會遜色，反之，一個樣貌平凡的女人，卻自信滿滿，人們也會覺得這個女人是美麗的！

曉雅和老公結婚6年了，在第六年的聖誕節上午，曉雅接到了老公寄來的離婚協議。其實曉雅很早就知道老公有了外遇，但一直深愛老公的她始終睜一隻眼閉一隻眼地維持著婚姻，沒想到老公卻寄來了離婚協議，曉雅的朋友們都以為她無法承受這樣的打擊，會和她的老公大吵大鬧或者為了維護婚姻而乞求她的老公不要離婚，卻不料曉雅非常平靜地在離婚協議上簽上名，還提出最後和老公吃頓飯，要為6年的感情畫上句點。

吃飯之前，曉雅去百貨公司為自己挑選了非常漂亮的衣服，隨後又去美容院將自己打扮得容光煥發，非常美麗，絲毫不像一個被老公拋棄的怨婦。

餐廳裡，曉雅不再如平常一樣點老公愛吃的菜餚，而是完全依照自己的喜好點了菜，隨後毫無顧忌地吃了起來，席間她輕鬆地和老公碰杯，晚飯後，她起身，姿態優雅地將事先簽好的離婚協議放在丈夫的面前，然後轉過身，頭也不回地走掉了，留下目瞪口呆的丈夫一個人坐在那裡百感交集。

可誰能想到，那頓飯之後，她的老公又回到了她的身邊，說自己不想離婚了，買了鮮花請求曉雅的原諒，說自己一直深愛著曉雅，只是平淡的婚姻蒙蔽了他的眼睛。

事後，朋友們都奇怪地問曉雅，難道丈夫有外遇她一點都不傷心嗎？曉雅說：「非常難過，甚至快要死了，但難過能有什麼用呢，對於一個已經變心的男人來說，妳的傷心及眼淚只能讓他們更絕情，既然如此，我為什麼還要那麼做呢？反之，我要對自己有自信，老公要離開我，不是我的錯，是他眼光不好，既然如此，我就要他看到我最好的一面離開，而不是給他辯解的餘地，覺得離開我這個怨婦是太幸運的事情！」

沒錯，沒有不老的容顏，但卻有永不褪色的自信，女人不能抱著美麗生活一輩子，但女人卻可以自信地生活一輩子，自信能讓女人的氣質永駐。自信是一種內涵，也是一種清新脫俗的人格魅力。會生活的女人會讓自己的氣質、美麗透過自信完美地展示出來，這種「氣場」是時間和空間都無法侵蝕的。

自信的女人喜歡挑戰生活，因為她們從不懼怕失敗，這樣的女人總是能夠以最好的心態去面對生活中的挫折與不幸。身為女人，即便生活再不順利，也要站得直直的，越不幸就越要對生活微笑，做一個不輕易被打垮的女人，讓所有人感受到妳頑強的魅力，讓妳的自信閃閃發光，帶著妳走出陰霾，找到屬於自己的幸福人生。

沒有人能否認，自信女人的魅力，這樣的女人不一定一身名牌，不一定有好車和別墅，但她們絕對有著屬於自己的風格，無論富貴或清貧，她們都能活出自己的品位人生，得體的裝扮，魅力迷人，走在任何地方，都是挺胸昂首，自信滿滿，試問這樣的女人，怎麼能不招人喜歡呢？

自信的女人大都是獨立的女人，她們不需要父母的庇護，更不會依附某個男人生活，她們擁有自己的事業、家庭，有自己的目標和理想，她們從不強迫別人按照自己的意志生活，也絕不會輕易改變自己的原則。因為她們從不懷疑自己。

因此，年輕的女人們，在妳奔三之前，培養自己擁有一顆「自信心」吧，這是妳人生道路上不可或缺的，更是妳活出屬於妳的人生、活出屬於妳的風格的基礎。無論何時何地，都要相信自己。若人生如戲，請堅信，妳就是戲中的主角，不是誰的配角，也一定能為自己的人生創下「好票房」，只要妳用心去做了，沒什麼能令妳「自卑」的！

貼心提醒

一個擁有自信的女人，是不會輕易懷疑自己的女人，自信賦予這樣的女人總會比自卑自憐的女人多一些，在人前，自信的女人總是神采奕奕，魅力無限。生活中，如果一個女人充滿自信，不曾懷疑自己，縱使她平凡無奇，她也能大放異彩，因為自信已經成了她生命中的一種魅力，在無形之中吸引著她身邊的人。

要勇於做夢想的主人

「女孩到了20幾歲後，就要有明確的夢想，然後再為了這個夢想去奮鬥。」這是給20幾歲女孩的忠告，也是給所有女人的幸福箴言。作為一個女人，想要在自己的人生中做出一番成績，首先就要確定自己的夢想，有了夢想才會有目標，一旦確定了目標，就要為之奮鬥，且不能輕易改變，只有這樣，妳才能更靠近成功與幸福。

正如伏爾泰（Voltaire）所說的：「幸福，是上帝賜予那些心靈自由之人的人生大禮。」從這句話中，我們不難看出，伏爾泰對「心靈自由」的推崇，而真正的「心靈自由」放到現實生活中無非展現在一個人的思維之上，想要做一個幸福的人，首先就要釋放禁錮的想法，要做自己想法和行為的主人，做自己夢想的主人。

小鄧的出名並非單純靠著奧運冠軍的光環被大家所熟知，而是退役後憑藉自己的努力，以一個全新的形象出現在眾人面前，和很多運動員一樣，退役後小鄧首先想到的是進修，而且她沒有是把念書只當成過渡，而是當成生目標去完成，從最初對英文一竅不通，從基礎學起，用11年的時間來完成自己的求學夢想，分別在清華大學、英國諾丁漢大學和劍橋大學就讀，先後獲得英語專業學士學位、中國當代研究專業碩士學位和如今的經濟學博士學位。

如今小鄧是幸福的，學業上及事業上的成功讓她光芒四射，成了許多年輕人津津樂道的榜樣。而她這一系列的成功除了源自她對夢想的執著，更源於她給自己定下的目標。當她剛退役的時候，有人問起她有何打算時，她就曾說，要去念書，並且她給自己設下了三個步驟，即分別拿到三所國際名校的畢業證書，這對於一個從小就一直念書的人來說都不是一件容易的事，更別說是對於一個因為練習體育而把念書丟掉很多年的成年人，但她成功了，她的成功再一次驗證，夢想的重要性，再一次說明了，目標對於一個女人的重要性。

還有這樣一則故事，那是發生在美國經濟大蕭條後不久的事。一個男人，失業了很久，一天他在馬路上遊逛尋找工作機會的時候，幸運的在馬路上撿到了5美元，想想看，5美元對於一個失業很久、一週沒吃過飽飯的男人來說意味著什麼？兩個足量的三明治，在那個年代雖然吃不到什麼好的，但也可以飽餐一頓了。但這個男人沒有拿這5美元去吃飯，而是坐在馬路邊仔細地想如何利用這5美元，一段時間後，他拿著錢走到水果攤，買了3個又大又圓的蘋果，用清水洗乾淨後，包在乾淨的紙袋中，徑直去了當時最繁華的街區，找了個地方，開始賣這3個蘋果，因為蘋果很漂亮、乾淨且還包在紙袋裡，沒過多久，就被一個有錢人買走了，並且付給了這個男人15美元，他就這樣賺了3倍的錢。人們想，這個時候男人該去飽餐一頓了吧，但他也沒有，而是繼續思考該如何支配這15美元。20年過去了，當初貧困潦倒的男人建立了一家自己的投資公司，收益非常可觀，當有人問及他如何成功時，他只是笑著說：「我知道如何利用意外撿來的5美元！」

如果妳不甘於平庸，那麼妳就必須明確自己想要做什麼。哪怕是一件小事，妳也要明確做這件事的目的，這樣才能把每一件事都做好，才能充分發揮自己的才能。但在生活中，很多女人還不清楚這一點，迷迷糊糊地上了大學，迷迷糊糊地畢業找工作，沒有任何規劃和目標，年齡再大一點之後又迷迷糊糊地結婚生子，於是她們這樣過了迷迷糊糊的一生。但妳能說她們沒有過夢想，甘於平庸嗎？當然不是，她們肯定也想過，但僅僅只是想想而已，沒有真正地去實施，沒有給自己制定一個目標；還有一些人，清楚目標的重要性，滿腔熱血地開始工作，但沒過多久，她們覺得自己做生意才能賺錢，於是盲目辭掉工作去做生意，生意剛剛起步，她們又發現另一個目標更好，又投入另一項目標，到最後，半生時間過去了，她們才恍然發現自己依舊一事無成……妳能說她們沒目標嗎？沒努力嗎？但她們為什麼失敗了？因為確定了目標，但卻沒有堅持。

俗話說，「夢想有多大，舞臺就有多大。」對於女人來說更是如此，知道自己要做什麼，能做什麼之後，還要堅持自己的夢想，這是成功的必備要素。

想要成功，想要制定出真正適合自己的目標，要靠自己去實踐和尋找，任何人給予妳的建議都未必真的適合妳，因為這個世界沒有人比妳更了解妳自己。

當選擇了覺得真正適合自己的目標和理想之後，就要堅持不懈地努力，即便妳得到的結果並不是精彩輝煌的，但妳自己感到幸福，就足夠了，因為真正的成功，從不是來自於他人高度的評價之中，而是來自於妳內心的滿足感與幸福感。

貼心提醒

俗話說，「夢想有多大，舞臺就有多大。」對於女人來說更是如此，知道自己要做什麼，能做什麼之後，還要堅持自己的夢想，這是成功的必備要素。

第二章 女人要學會掌握自己的愛情

女人是為感情而生的，無論妳認不認同，感情對於女人而言真是太重要了，女人可以因為一段美好的感情而成為世界上最幸福的女人，女人也會因為一段失敗的感情而跌入人生的谷底。

這個時候，妳也許會責怪那個負心的男人，或為女人打抱不平，但妳有沒有想過，感情是兩個人的，想要成為最幸福的女人，更需要女人自己的努力。

很多女人認為，只要全心全意地付出就是為愛而努力，其實不然，想要掌握彼此之間的感情，單憑一味的付出是不夠的，更需要女人時刻對感情的理性反省，每個女人都該知道，愛是衝動的，但絕不代表著盲目！

何必期待「白馬王子」

很多女人都在默默地幻想著，某天會有一個「白馬王子」出現在自己的眼前，單身的女人在尋覓或者托朋友介紹另一半的時候，難免會給自己的另一半制定一個「白馬王子」的標準，希望自己也可以做「公主」。

但「白馬王子」終究只是童話故事，回歸現實生活，妳不難發現，有白馬的不一定是王子，無法帶給妳期待的幸福生活。但是在現實生活中，太多女人似乎還不能完全了解，以為找了位「王子」自己也能過上「公主」的生活，殊不知等待她們的多半都是陷阱或婚後因為失望而導致的不幸生活。

有些女人也想過這些，但她們卻甘願抱著僥倖心理，覺得不幸的女人不會是自己，就算現實版「灰姑娘」的結局不美滿，卻還是有很多女人想嫁給「白馬王子」，有些女人因為經歷了失敗的感情，從而決心這次一定得找一個「好」男人。另一些女孩，是因為她們自身的家境及生活環境不夠好，因此她們迫切希望嫁給「王子」，改變自己目前的生活狀態。

就這樣，這些女人在選擇另一半的時候，難免會有意無意地以「白馬王子」的標準來衡量身邊的男人。然而她們卻忘記，現實始終是現實，永遠無法如童話一般，即使存在白馬王子，也是鳳毛麟角，少得可憐。

可女人們的渴望怎麼辦？急於尋找白馬王子的心怎麼辦呢？這個時候，女人很容易會上那些偽裝成為「王子」的無良男人的當。這些無良男人利用了女人們的這種心理，以此來欺騙女人們的感情，甚至騙取她們的錢財、身體，最後隨便找個理由與她們分手，留下被騙的女人獨自一人舔舐「傷口」。

可傷口癒合後，這些女人還會義無反顧地尋找，她們完全沉浸在王子的夢想之中，甚至不會察覺到她們已經上當受騙了，而只是覺得自身不夠好，才讓人家跟自己分手。

就這樣，這些女人即使被騙，還是「死不悔改」地沉浸在那一個又一個的「白馬王子」的謊言之中，一次次上當，卻依舊心甘情願為她們所認為的「白馬王子」付出。

此時的女人是無助的，也是可憐的，她們為了一個根本就是幻想的夢，成了別人的玩偶，一次次陷入騙局之中，卻渾然不知。

當然生活中並非所有女人都這樣，還有一些很理智的女人，她們心裡雖然也憧憬美好的夢想，但她們明白，有些夢想形同幻想，沒必要較真。

就把對「白馬王子」的期待當成是一場夢吧，就算妳是「灰姑娘」，也很難和現實中的「白馬王子」攜手建立幸福的生活。如果妳想要擁有一份美好的感情和幸福的婚姻，那麼一定要從實際情況出發，不要過分看重錢財。

誠然，在這個很多人崇尚物欲的社會，錢的確很重要，但是錢畢竟不是萬能的，錢無法給妳一生一世的幸福，快樂、幸福的生活對於女人而言才是最重要的。

妳要時時刻刻提醒自己別陷入自己編織的美夢裡，適合自己的才是最好的！妳又何必一廂情願地期待「白馬王子」呢？

貼心提醒

誠然，在這個很多人崇尚物欲的社會，錢的確很重要，但是錢畢竟不是萬能的，錢無法給妳一生一世的幸福，快樂、幸福的生活對於女人而言才是最重要的。妳要記住一句話──「適合自己的才是最好的！」

男人如沙，學會合理收放

在感情世界中，女人常把愛情比作手中的沙，要順其自然地對待，可卻不明白，感情世界中除了妳就是他，與其說要學會如沙一般對待感情，不如說要如沙一般對待男人，因為那個男人才是和妳產生感情的主體。很多20幾歲的女生在戀愛前或者戀愛中都會有很多的疑問，如「如何掌握自己的愛情，掌握自己深愛的男人呢？」很多女生甚至錯誤地認為，只要把男人抓得牢牢的，就能留住愛情，但到頭來，往往會事與願違。

其實對待男人應該順其自然，張弛有度，得到中意的另一半就如同妳在人海的「沙灘」上得到了妳所中意的「沙子」，當妳把它握在手中時，不難發現，心裡越急，越想留住，握得越緊，它流失得就越快，相反，用平常心，順其自然地輕輕捧著手中的細沙，它反而不會流失。

薛小萌和男友戀愛3年了，她的男友是一家家具公司的銷售主管，每天總有開不完的會和忙不完的客戶應酬，薛小萌雖然也知道男友工作忙，可為了防止男友變心或被其他女人勾引走，便給男友定下了每晚九點半之前必須回家的規定。有一次，男友的確因為公司的應酬而晚回去了半個小時，第二天薛小萌就不依不饒地在男友耳邊嘮叨了兩個小時，還又哭又鬧地質問男友是不是不愛自己了，隨後的一段日子，薛小萌又聽到了一些關於男友的流言蜚語，說他和他的助理之間有非正常的關係，就這樣，薛小萌不惜重金僱了私人偵探，每天查男友的崗，還每天十幾個電話，詢問男友在做什麼和誰在一起，如果真的要參加公司的應酬，也要把應酬的酒店名發給自己看看才行。這樣一系列的「追蹤調查」和無理取鬧，讓原本沒有出軌的男友真的和他的女助理走在了一起，用男友原話來說就是：「其實我很愛薛小萌，但她的做法真的讓我失望至極，難以接受，但我的助理和我在一起後，她從不過問我太多事情，我知道她可能不像小萌那樣愛我，但有什麼辦法呢？和小萌在一起的日子實在讓我快要抓狂了，整天問我是不是和助理有什麼，既然如此，不如就真的發生好了，反而這樣讓我感到很輕鬆。」就這樣，薛小萌的猜忌讓感情的矛盾越演越烈，最後等待兩個人的就只剩下分手了。

薛小萌覺得自己是整個事件的受害者，她無法原諒男友的背叛，覺得自己所做的一切都是為他好，為了穩固兩個人的感情，然而薛小萌卻不知道，她如此不信任男友的舉動其實就是對男友及彼此之間情感很深的傷害，讓男友感到很拘束、很有壓力，確切地說，在薛小萌的感情世界裡，她並沒有真的與男友站在平等的位置上，而是不經意地將男友當成了感情的隨從，希望男友能夠完全按照自己的意願去生活，殊不知，感情的經營是要有張有弛的，很多時候，握得太用力，反而會加速流失的速度，越想控制自己的男人，就越容易失去他。

在現實生活中，與薛小萌有相同經歷的女生不勝枚舉，她們大都不明白愛情的真正含義，究竟愛情是什麼呢？有人說愛情是一輩子的相守，但這並不意味著愛情是時時刻刻的相伴；妳可以為了深愛的另一半時時刻刻牽腸掛肚，但這並不是你們分分秒秒不分離的前提。人們常說女人是為愛情而活著的，卻忽略了男人的生命中不僅只有愛情二字，忽略了「兩情若是久長時，又豈在朝朝暮暮」！

郭程程與男友相戀3年，男友比郭程程大4歲，經營著一家規模不大不小的公司，算得上是一個中產階級的男人，為了忙工作，男友大部分時間都搭乘飛機穿梭各地，忙著去各地談業務、拉生意，能陪郭程程的時間很少，但郭程程很少會質問男友為什麼總是這麼忙，為什麼不多花些時間陪自己，也不會在男友應酬的時候，詢問地址，甚至哭著質問他心裡有沒有她。因為郭程程知道，男人最害怕女人不斷地詢問他們為什麼，懷疑他們，那樣會讓男人覺得妳很囉嗦，甚至對妳產生厭煩心裡，兩個人的愛情，給對方一點空間，其實就是給自己一點愛。

但很多女生都無法像郭程程一樣「放得開」，她們認為郭程程的做法太過「妥協」，但換個角度去想，大吵大鬧有什麼用嗎？妳只看到了郭程程的不管不問，妳卻沒有看到郭程程的男友和她手牽手去逛街，無論多晚男友都不會流露出厭煩的表情；她的男友會擠出時間趁著夜色帶著她去海灘漫步……妳是否會羨慕她呢？其實抓住一個男人的心並不難，只要妳做到有張有弛，給另一半足夠的空間，懂得恰到好處地鬆開緊握的手，讓他感受到妳對他的信任，這樣妳一定能夠得到他對妳無微不至的愛。

沒錯，自由對於任何一個男人來說都是非常重要的，也是他們極其嚮往的，男人們天生愛冒險，會為了工作通宵達旦忙碌，也會為了看一場球賽而不眠不休，工作中他們需要應酬，需要朋友。如果妳總是任性地讓妳的男友圍著妳轉，那一定會讓他們感到厭煩。換言之，如果妳的男友真的是一個只圍著妳轉、沒有上進心的男人，妳又該覺得他胸無大志了吧？聰明的女人都應該學著放開緊握的手，試著給自己的另一半多一點空間，讓他們感受到感情之中的自由，不要讓妳的愛禁錮了他的生活，只有這樣，你們之間的愛情之花才會永開不敗！

愛情的經營最能展現一個女人的智慧，女人想要獲取幸福，就該讓自己聰明、理智地面對感情，無論妳多麼愛他，都必須要留給他屬於自己的空間和自由，讓他去飛翔，只有這樣，他才會有對家的嚮往和眷戀。想要抓住深愛的男人，首先要放下妳那極度患得患失的敏感，不要動不動就為了一點小事而忐忑不安，要信任妳的男人，對感情做到張弛有度，要知道，這樣的女人才是男人眼中最具魅力的女人！

貼心提醒

自由對於任何一個男人來說都是非常重要的，也是他們極其嚮往的，男人們生性愛冒險，會為了工作通宵達旦忙碌，也會為了看一場球賽而不眠不休，工作中他們需要應酬，需要朋友。如果妳總是任性地讓妳的男友圍著妳轉，那一定會讓他們感到厭煩。換言之，如果妳的男友真的是一個只圍著妳轉、沒有上進心的男人，妳又該覺得他胸無大志了吧？聰明的女人都應該學著放開緊握的手，試著給自己的另一半多一點空間，讓他們感受到感情之中的自由，不要讓妳的愛禁錮了他的生活，只有這樣，你們之間的愛情之花才會永開不敗！

對舊情人，千萬別心軟

生活在當下的年輕女人，有多少還在痛苦地隱藏著自己的感情，為了某個已經遠離的男人。現實世界中，有多少女人的愛情世界中由始至終都只是一個人？許多妳愛過的人，都已經變成了寂寞時的回憶，只是當初的惜別之情依稀在心頭。然而新的生活已經在不知不覺中開始了，妳還指望著能夠和過去的他重來一次嗎？妳也許還不清楚自己將要付出多少來換回一個舊情人的感情，何況，舊情復燃也不能刷新曾經暗黃的一頁。面對舊情人，妳應該大膽、果斷地說「Bye bye!」千萬不能心軟。

是的，千萬不要做一個心軟的女人，不要以為當時分離的原因已經快淡忘了，你們就可以開始一段新的戀情，要知道一段無疾而終的感情即便從頭再來，結局往往也是慘淡的，如果妳的舊情人來找妳，記住別心軟，找不到好方法回絕，不如看看下面的文字！

別有事沒事總沉浸在對舊愛的回憶之中。

一個能讓妳難忘的男人，必定與妳經歷過一段美好的時光，如果妳一味地沉浸在過去的浪漫與溫馨中，妳就會一直深陷其中。曾經擁有過其實就足夠了，現在的妳應該保持冷靜，因為現在的他已經不再是當時與妳共同擁有那些美好回憶的人了。妳應該用放大鏡去看他以前的好和現在壞，妳要清楚地認識到，他的出現很可能會讓妳的生活變得一團糟。

不要再為了舊情人的事情糾結不已

和舊情人，尤其是現在有點落魄的舊情人再度相逢，可能會讓妳不自然地動了惻隱之心，但問題是妳的同情是不是他真正需要的，妳的同情又會把妳帶到什麼境地呢？如果妳對他的感情再次逐漸深入，那妳也許又會痛苦不堪，不能自拔！所以，妳還是不要再為了舊情人的事情糾結了。

千萬不要隨意承諾舊情人

女人天生就是感性的動物，而身為女人的妳，也總難免陷入扮演「母親」保護他人的角色，尤其是面對自己曾經的愛人時，常常是一看到對方那可憐的眼神，便傻乎乎地就答應了他那些自己根本辦不到的事情，最後只能勉強自己去完成。妳應該想到這樣勉強有可能會毀了妳現在的感情和穩定的生活。

逃不開的約會要學會刻意遲到

不得不和舊情人見面時，千萬不要早到，如果妳去得太早，就會給他一種妳依然在乎他的假象，但如果妳遲到，則會讓他感到妳已經將他遺忘了，已經不在乎他了，他也會知難而退的。

與舊情人見過了，也決定讓他永遠只成為一種回憶了，那麼妳幹嘛還要存下他的新號碼和新地址呢？都過去了，不妨像歌詞中寫的那樣生活吧——「就讓往事隨風都隨風……」

貼心提醒

生活在當下的年輕女人，有多少還在痛苦地隱藏著自己的感情，為了某個已經遠離的男人。現實世界中，有多少女人的愛情世界中由始至終都只是一個人？許多妳愛過的人，都已經變成了寂寞時的回憶，只是當初的惜別之情依稀在心頭。然而新的生活已經在不知不覺中開始了，妳還指望著能夠和過去的他重來一次嗎？妳也許還不清楚自己將要付出多少來換回一個舊情人的感情，何況，舊情復燃也不能刷新曾經暗黃的一頁。面對舊情人，妳應該大膽、果斷地說「Bye bye!」千萬不能心軟。

浪漫不可高於現實生活

女人是感性的動物，因而決定了女人鍾愛浪漫的天性，雖然浪漫終究不能與現實生活完全重疊，但女人們還是會憧憬著自己的感情能夠「生如夏花」，心愛的男人可以在日落前陪著自己看日落；傍晚互相依偎著欣賞月亮；破曉前陪著自己等日出；每天都能收到男友送來的玫瑰花……面對夢想中的浪漫愛情與現實生活，心態不同的女人有著截然不同的看法。有些女人認為生活若沒有浪漫做輔料，便會枯燥無味；也有一些女人生活得很現實，認為浪漫並不及金錢來得實際，物質條件才是一切之本……女人們對浪漫眾說紛紜，千人千種理解，但無論如何看待感情之中、生活之內的浪漫，妳首先要了解，浪漫可高於現實生活。

莫海英和林楓是戀人關係，他們兩個人如膠似漆地相愛著，在身邊朋友們的眼裡，他們的感情是那麼令人羨慕且甜蜜。一天，莫海英看了一部電影，電影中的女主角問男主角，如果她死了他怎麼辦，男主角想都沒想就說陪她一起去。於是，莫海英也問了林楓同樣的問題，但是沒想到，林楓卻說：「如果妳死了，我不會陪妳一起去，我會選擇好好過下去。」

聽著林楓太過理智的回答，莫海英覺得也許林楓並不像自己想像中那麼愛自己，隨後的一段日子，因為心中對林楓懷有不滿，所以海英經常會因為一些小事和林楓吵架，這是個惡性循環，他們越吵越兇，最後終於分手了。在離開林楓的兩年裡，莫海英陸續認識了兩個男人，在和這兩個男人交往的過程中，莫海英聽盡了甜言蜜語，然而，他們的感情最終也都無疾而終了，這時莫海英才明白，其實林楓才是最好的，便想要回到原來的城市去尋找林楓。可兩年未曾聯絡，她怎會知道現在的林楓已經身患重病臥床不起，莫海英走到林楓的病床前，握著他的手，含著淚光說：「如果你走了我該怎麼辦呢？」林楓用盡最後的力氣，也握住莫海英的手說：「就像當年我的回答一樣，妳要好好活著，因為妳好好活著，是我最大的幸福！」

故事中的林楓或許活得很現實，回答得也很現實，但他給予莫海英的愛卻是深沉的，沒有一點浮華，也許在最初的日子，莫海英無法接受林楓那似乎毫無浪漫感的愛情和聽上去沒有溫度的話語，但最終，她還是發現浪漫並不一定就是真愛，而現實也未必沒有真愛。

其實，過分現實與過分期許浪漫都是不可取的，尤其是對於女人而言，過分現實會扼殺愛情中的甜蜜與激情，而過分期待浪漫，又難免會給人一種不切實際、很難長期交往的錯覺。想要避免感情中的這兩種誤區，更好地維護彼此的愛情，妳首先要確認自己究竟是屬於浪漫型還是現實型。

如果夜晚將至，妳站在窗前，常常陶醉於美好的夜空，時常期待男友在此時從身後抱住妳，並送上一大束漂亮的玫瑰或燭光晚餐……那麼毫無疑問，妳絕對屬於浪漫型女生；反之，如果妳收到男友的玫瑰後，第一念頭不是感慨這美好時光、浪漫光景，而是先考慮到了玫瑰的價格或是幾天後玫瑰就將凋零，那麼很顯然，妳是現實型的女生。

美好的生活要以物質為本，這是不爭的事實，然而身為女人，生活中除了與物質打交道外，還需要一點點情趣、一點點激情。但切記要掌握好分寸，如果過分追逐情趣，苛求浪漫的感覺，而因此脫離了現實生活，那妳可能很難獲得幸福的人生與甜蜜的愛情。

也有不少相對成熟的女人認為追逐浪漫是比較幼稚的做法，只有小女生才會夢想著生活在城堡中，每天有王子送花；也有一些女人與她們剛好相反，從不介意生活在浪漫的感覺之中，如果哪天浪漫少了，便會抱怨生活太過平淡無奇；還有些女人遊走於現實與浪漫之間。但無論生活中的女人如何想，只要她想要幸福生活，她就必須明白，不苛求才是生活的真諦，也許在平凡無奇的日子中就已經孕育著幸福的滋味，生活中或許少了一點浪漫，但妳可知道平安就是福……

無論是熱戀中的女人，還是處於談婚論嫁階段的女人，想要幸福，就必須擦亮自己的眼睛，看清未來的現實之路，不要因為一時的快樂，貪圖一時的浪漫情懷而斷送了自己美好的青春年華或是苦心經營的感情，甜言蜜語和芬芳的玫瑰固然美好，但妳也要知道，平凡的生活才是真，與其活在虛蕩的感覺之中，不如讓自己腳踏實地地去感受生活之本。因為沒有誰的生活能夠一直充滿熱情，生活本身就是平凡的，不同的是，聰明的女人會在平凡之中尋求快樂，懂得為自己製造快樂。

在當今社會中，女人們更渴望能夠得到精神上的浪漫之感，浪漫的確令人神往，沒有女人不渴望獲得浪漫的感覺，可當妳經歷了現實之後，妳終會明白，浪漫的感覺終究只是現實生活中的點綴，缺少它也許妳會覺得乏味，但多了有時也會破壞現實原本的美感，反倒畫蛇添足了。

綜上所述，假如妳想要收獲幸福的人生，那就要學會理智看待浪漫這回事，浪漫可以，但要切忌，妳的浪漫一定要低於妳的現實生活，這樣妳才能成為幸福的浪漫女人！

貼心提醒

女人想要幸福的生活，就必須明白，不苛求才是生活的真諦，也許在平凡無奇的日子中就已經孕育著幸福的滋味，生活中或許少了一點浪漫，但妳可知道平安就是福……

如何成為男人眼中的極品女人

人們常常有這樣一個疑問，為什麼國際上有點名氣的女性產品設計師通常都是男人呢？這大概與男人們天生就具有欣賞女人的眼光是分不開的。

既然如此，妳知道在男人眼中什麼樣的女人才算是極品女人嗎？而20幾歲的妳是否渴望成為一個男人眼中的極品女人呢？

如果妳的答案是肯定的，那趕快來看下面的內容吧。也許妳會覺得做一個極品女人是一件很難的事情，其實這也很簡單。

想要成為男人眼中的極品女人，首先就要保持自己的良好儀態，無論遇到什麼事情，妳都不能像潑婦一樣，動不動就開口罵人，或者動手打人，而要保持自己的優雅氣質。生活中，兩個人在一起相處，難免會有摩擦，即便很多時候，錯在對方，妳也不能像個潑婦一樣透過哭鬧解決問題，而是應該盡量換一種方式，比如可以透過溝通讓他意識到自己的錯誤，自行慚愧，日後他便不會再犯類似的錯誤了。且女人一定要謹記，不要在外面指責另一半的錯誤，妳大可以回到家裡再和他算帳，有句話說得好，「在外從夫，在家從婦」！

如果某天，妳和另一半之間的感情發生了變化，他有外遇了，此時妳氣憤歸氣憤，但千萬別又吵又鬧，因為無數的實例證明，女人的「殺手鐧」一哭二鬧三上吊是毫無用處的。妳其實可以忍住憤怒找第三者好好談談，記住要很有禮貌地談，如果這招不見效，那妳就和要他溝通，男人有時也是很感性的，他們也很容易被感動，尤其是他們做錯事時，只要妳的辦法得當，問題自然會迎刃而解。

在家裡妳要認清自己的位置，妳要知道自己是整個家的主人，那妳就應該拿出一副主人的樣子，做好一切本是女主人應該做好的事情，不要整天像一個小孩子似的，還等著他下班回來後伺候妳。當然，你們獨處的時候，妳還是應該保留一點孩子氣，讓他感受到妳的溫柔和可愛！

時刻記住，不要每天都問妳的他這樣的問題——「你愛我嗎？」、「我好看嗎？」、「你是不是沒有錢了？」……這樣的問題問多了，男人就會厭煩甚至會選擇逃避或離開。

當妳看到妳的他正在看某個美女的時候，不要去阻止他，當然也不要太放縱他，此時的妳，可以不失幽默地說上一句：「要我幫嗎？」妳的他自然就會明白妳的意思。

生活中，當妳犯錯的時候，千萬不要玩大女子主義，其實說一句「對不起」，並沒有妳想像中那麼困難，妳的他會笑著原諒妳的！

千萬不要被流言蜚語蒙蔽了妳的雙眼，無論外面謠傳了什麼關於他的不良事跡，妳都應先保持冷靜，一定要堅守「眼見為實、耳聽為虛」的原則！

以上就是男人眼中的極品女人，這個方法很多女人都試過，效果非常不錯，心動的妳不妨一試！

貼心提醒

想要成為男人眼中的極品女人，首先就要保持自己的良好儀態，無論遇到什麼事情，妳都不能像一個潑婦似的，動不動就開口罵人，或者動手打人，而要保持自己的優雅氣質。

有完美主義的男人不可「愛」

年輕的女子都喜歡追求完美的男人，但是在感情的方程式中，身為女人的妳若想要收獲幸福的人生，就必須要清楚一件事，完美的男人其實並不可愛。看到這樣的話，應該很多女人都要問，為什麼不要和完美的男人相愛呢？

事實上，上文中的完美並非是指毫無缺點的男人，畢竟人無完人，沒人能完美，只有那些活在完美主義中的男人，這類人常常過分追求完美，不切實際，大多是典型的空想主義。

傾向於完美主義男人的最大缺點不是對完美的追求，而是對完美的苛求，這種過分渴望完美的想法會展現在他生活的方方面面，這樣的男人時常會覺得生活不夠完美，這裡不好那邊不好，甚至有種雞蛋裡挑骨頭的感覺。可實際上，這個世界上根本就不存在十全十美這回事，只不過是懷有完美主義個性的男人硬要憑藉著自己的「倔強」打造出「完美的東西」罷了，殊不知，這樣的想法本身就是不切實際的。我們當然也不能完全否定所有懷有完美主義的男人，如果這樣的男人真的能為了自己的理想而不懈努力，這本無可厚非，但問題的關鍵就在於，他們是否會一方面苛求完美，另一方面又立場不堅定，半途而廢。其實這樣的例子在生活中隨處可見，比如在職場中，有些男人通常會表現出一副「不做到最好誓不罷休的」態度，可隨著時間的推移，他們的這股衝勁會越變越弱，甚至最後完全消失殆盡，工作失敗後還會將責任推給他人，抱怨是這個世界不完美，阻礙了他的發展，而鮮能從自身尋找原因。

擁有完美主義的男人大都無法正視生活中的不完美，因此他們常常草率制定目標，甚至不顧後果地去執行，可一段時間後，當他們的計畫久久沒能取得成果時，他們又會輕易懈怠，因為他們心中等待執行的轟轟烈烈的目標實在太多了。正因如此，這樣的男人常常帶給女人一種不安全感，鮮能承擔起生活、情感中的責任。

作為女人，在結交異性的時候，經常會遭遇一些有完美主義的男人，這時妳必須要提高警惕，這樣的男人固然有其可愛的一面，可一旦剝開他完美外衣後，妳要清楚自己是否具有足夠的能力去承受這樣一份感情所帶給妳的壓力。一位著名心理學家曾經對一百位有完美主義的男性，做了為期3年的追蹤調查，研究有完美主義的男人，面對感情時的態度和內心想法，最終調查結果令人驚訝，調查顯示這些一度狂熱追求完美的男人們，在內心深處往往是非常膽怯的，他們內心所能承受的最大限界只有一公尺，換言之，當有一個人一連三天以上和這些男人們保持一公尺以內的距離，他們的心裡就會升起想要逃避的念頭，理由簡單而幼稚，「他們害怕、也不能夠接受不完美事情的出現」。

有一部德國劇情電影，描述一對情侶之間悲喜交加的故事，故事中的女主角愛上了男主角，不幸的是，男主角本身是個完美主義，因為事事追求完美，他也總會給人一種「完美」的假象，就這樣，女主角瘋狂地愛上了他，但隨著兩個人在一起的時間增多，男人突然發現，女主角並非他想像的那麼完美，於是為了逃避這種完美與現實的落差，男人丟下一封信走掉了，留下女主角一人傷心難過，男主角離開後也被思念苦苦折磨，妳能說他無情冷酷嗎？不！他在女主角家附近租下一間房子偷偷地關注著她，對完美的過分苛求蒙蔽了他的眼睛，讓他認為只有在這樣的距離下，對方才是完美的，彼此的感情也才是完美的。

徐麗麗如電影中的女主角一般愛上了一個完美主義的男人，她的生活也因這段感情而變得有些混亂。因為和男人在一起後，她才發現，她們之間的感情與別人的不一樣，不能一起生活，不能經常見面，因為只要過分親密，男友就會在隨後的幾天「玩失蹤」。男友總是刻意地和徐麗麗保持著距離，她進一步，他會退兩步，他常常說謊，三不五時就會冷落徐麗麗一陣子。

很多時候，徐麗麗覺得自己為了一個不在乎自己感受的男人做那麼多，是不是過得太卑微了？但每當徐麗麗想要離開的時候，她又會想起男友的「好」，他的紳士、認真等。

無奈的徐麗麗決定用自己的愛去改變這個男人，但她很快便發現自己錯了，因為他是很難被改變的，對於這個她幫他收拾一下臥室，告訴他今天可以帶上她買的領帶，他都會覺得自己的私人空間被侵占，對這樣的男人來說，她幾乎做多少事就會錯多少事。徐麗麗一個人的時候也常常想，這樣的男人如何能託付一生，他根本不會給她婚姻的承諾，可就算給了承諾又能如何，他總要活在若即若離的距離感之中，「不能接受不完美」就是他的藉口。可每當徐麗麗想要結束這段感情的時候，男友又會極其委屈地央求說：「現在的距離是保持愛情的最佳方式，讓彼此永遠看不到對方的不完美！」

有完美主義的男人大都是苛刻的，簡單來說，有完美主義的男人其實是另一種意義上的「潔癖」，他們的做法常常過於偏執，卻又有著屬於自己的藉口和理由，如此一來，一個想要幸福生活、婚姻的女人又如何能安心地躺在他的懷抱，期望他能帶給妳幸福呢？也許，妳每天只會焦慮自己身上是不是口氣夠不夠清新、妝容是不是有瑕疵，不敢想像，一覺起來的早上，當陽光斜照在妳睡得有些浮腫的側臉時，他會用什麼樣的目光來看待妳呢？妳要知道，那大概不會是充滿柔情的目光，而多半是厭惡甚至是嘲笑，那樣的目光會讓原本自信的妳也無地自容，妳也應知道，一個完美主義過重的男人其實是沒有辦法給妳理想的愛情的，常言道，愛上一個人會愛上她的全部，可這樣的男人只會愛上妳完美的一面，至於妳「瑕疵」的一面，他們是絕對會抓狂的。

有完美主義的男人會在不經意間重重地打擊女人的自信心。戀愛中，很少有事情能夠讓他們感到絕對滿意。當他們發現妳的身上有一點點「缺陷」後，甚至會頭也不回地逃掉。情感心理學家研究表示，一個在戀愛中總想著逃跑的男人，他的內心多半是不健康的，他在驕傲的同時，也在嘲笑他自己，因為他沒有辦法正確看清自己，一個連自己都不能正視的男人，妳能期待他正視妳的愛情、帶給妳幸福與快樂嗎？

綜上所述，想做一個幸福的奔三女人，妳最好不要讓自己與一個有完美主義的男人結緣，除非妳確信自己有把握去抗衡那種足以讓任何一個健康女人在愛情中窒息的「傷害」或者妳相信百分之一的幸福機率。

此外，就心理學角度而言，一個有完美主義且程度不淺的男人，其內心大都是過分偏執、冷酷的。所以，女人最好在自己還沒有彌足深陷之前遠離有完美主義的男人，找一個能夠給妳實際溫暖，每天早上起來後用溫暖的目光對著睡得不怎麼好看的妳說，「親愛的，妳真美！」的男人吧，即使他們看上去不那麼「完美」，但至少他們能給妳完整的愛情和關懷，願意和妳組建幸福的家庭，承擔生活中的責任，從沒想過臨陣脫逃，這樣的感情才是奔三的妳要抓住的幸福。

貼心提醒

想做一個幸福的奔三女人，妳最好不要讓自己與一個有完美主義的男人結緣，除非妳確信自己有把握去抗衡那種足以讓任何一個健康女人在愛情中窒息的「傷害」或者妳相信百分之一的幸福機率。

話說「寂寞」這杯冷酒

寂寞是什麼，寂寞似乎總是和女人過不去，走在寂寞之路上的女人就彷彿走上了一條單行路，寂寞總是如影隨形，女人的生活中不可避免地要經歷寂寞。尤其是活在當下的女人，生活越來越好了，需要女人去焦慮的事情越來越少了，此時的女人便更容易感到寂寞。人們常說，寂寞就像黑夜中的流螢，會在不知不覺中蠱惑女人的心；寂寞又像一場狂風暴雨，讓身在雨中的女人渴望找到一處可以避雨藏身之所，渴望溫暖……因此，當一個女人正經歷寂寞時，她的心靈就會處於這種渴望的狀態之中，期待有一個人能夠給予她心靈的安撫與滋潤，期待找到一處可以避風的港灣。

若期待變得過分，就會盲目，愛情也是如此，當一個女人孤零零的時候，會飽受寂寞的侵襲，這時她就會情不自禁地去期待有一個人出現帶給自己安慰，而此時，渴望的心早已讓她真心難辨。因寂寞而尋找的愛情，大多注定與真愛無緣。奔三的女人一定要學會正視寂寞，千萬不要因為寂寞而開始一段愛情。

大學是孕育愛情的地方，但這愛情常常會無果，為什麼呢？

女孩們憑藉著自己的刻苦努力紛紛踏入了大學的校門，此時再也沒有沒完沒了的練習卷，沒有上不完的補習班，女孩們大部分的時間都閒了下來，尤其是離家在外的女孩子，一下子遠離父母，忽然有了一種寂寞的感覺，再加上這個年紀的女生對愛情的嚮往，就這樣，這群20幾歲女孩的心開始躁動起來了，也因此，一個又一個年輕寂寞的女子投入了愛河。

蔣愛佳今年大三了，大一、大二時的那種對大學的嚮往逐漸變淡，剩下的只是越積越多的寂寞，身邊的朋友一個接著一個開始戀愛，忙著自己的約會，只剩她一個人吃飯、上課，然後孤零零地待在空蕩蕩的宿舍，她心裡常有種難以言喻的苦澀。直到有一天，蔣愛佳在宿舍意外地接到了一個陌生男孩的電話，還沒等蔣愛佳詢問對方找誰，那個男孩就先開了口：「我知道妳叫蔣愛佳，我是妳的學弟，想和妳交個朋友，可以和妳聊天嗎？」

蔣愛佳雖然被這突如其來的電話弄得有點摸不著頭緒，但是有個男生說喜歡自己，也上她的心被愛滋潤，隨後的一段日子，蔣愛佳的生活改變了，她覺得自己的生活不再庸庸碌碌，不再沒有目的地過每一天，而是有了新的期待，那就是每日回到宿舍等著那個男生的電話，和她在電話裡甜蜜地聊天。

在那段日子之後的不久，她們見面了，雖然男孩現實中的樣子有點讓蔣愛佳失望，但她依舊為了在寂寞的光陰中獲得了一份愛情感到開心和甜蜜。有了愛情滋潤的蔣愛佳，每天都過得很充實，不再覺得時間多得無處打發，而是希望時間再多些，再多些，這樣她們便可以天天在一起，去看電影、逛街，去咖啡廳……

時間一天天過去，畢業的時間還是到了，離開了學校，也離開了比自己小一年的學弟，忙著面試、工作，蔣愛佳的生活忙碌了起來，此時的她恍然發現，那份當初被她看做是天的感情，似乎並沒有那麼重要，彼此聯絡的時間越來越少，感情也隨著忙碌而越來越淡。

與蔣愛佳一樣的女孩子其實很多，因為無法承受寂寞，於是渴望投入愛情的懷抱，希望以此來打發寂寞的時光。但這樣的愛情往往都好景不長。

這並不代表大學時代的愛情都會無疾而終，只不過尤其是20幾歲的年輕女人要知道，愛情是獨立的，它不應該以任何條件為基礎或前提，更不要因為寂寞而讓自己愛上某個人。

在現實生活中，很多人常常感到寂寞難耐，尤其是女人。女人大都渴望被愛、被保護，因此當心靈上遭遇空虛寂寞時，往往就會急迫地抓住一段並不屬於「愛情」的感情，像抓住救命稻草一般，不願放開，以此來安慰自己，排遣寂寞的感覺。而女人也常常會為此付出代價。而那些耐得住寂寞、能夠正視寂寞的女人往往能獲得真正屬於自己的幸福。

王嘉辛的丈夫去了另一個城市，一去就是兩年，平時因為工作忙沒多少時間回家，只有重大節日才能回來待上一兩天。在丈夫不在家的日子裡，王嘉辛只能一個人獨守空房，雖然有時她也會找幾個朋友來家裡聚聚，打發一下時間，但每到週六日，她依然只能一個人獨自度過，因為朋友們也要回去陪自己的老公。

王嘉辛除了每天上班、晚上與丈夫通電話，就是一成不變地坐在電腦前瀏覽網頁或在MSN上聊天。

一天，正當王嘉辛百無聊賴地看著網頁時，她的電話響了，是一個暗戀她很久的男人打來的，這個男人與王嘉辛是大學同學，瘋狂地追求了她3年，但王嘉辛一直沒有答應他，這時，男人問可以去她家裡找她嗎？王嘉辛想了一下，告訴他自己還有些事情要處理沒空，不料他卻說，他就在她家樓下。王嘉辛走到窗前，果然看到他在朝她招手。

無奈之下王嘉辛讓他進來了，他提了一個袋子和一瓶紅酒，進來後，他說要為王嘉辛做頓晚飯，拗不過他的王嘉辛只好坐在沙發上等著，他則提著東西進了廚房。她無意間看著廚房駐他忙碌的身影，心裡突然有了一種莫名的溫暖，但僅僅幾秒鐘，她便將那種莫名的感覺壓在了心底。

沒過多久，他喊她吃飯，她走進廚房，看到桌子上的飯菜，她愣了幾秒鐘，滿桌的菜都是她最愛吃的，她知道，這是大學時候，他從自己閨蜜口中套出來的，沒想到時隔這麼多年，他依舊記得。一股暖暖的感覺溢滿她的全身，不知道為什麼，就在他轉身開紅酒的時候，王嘉辛悄悄地關掉了手機，拉上了窗簾，反鎖上門，那一刻，她似乎能聽見自己的心跳。

一瓶紅酒喝完，兩個人都有些醉了，他將手搭在她的肩頭，坐得越來越近，就在男人準備親她的時候，她卻閃開了，過了幾分鐘，客廳的電話響起了，是她丈夫打來的。

放下電話之後，王嘉辛依舊坐在沙發前看電視，並告訴他時間不早了，他該走了，他有些失望地走到她的身邊，問她，她難道就不會寂寞嗎？如果他們重新組建家庭，他一定不會讓她感到寂寞。王嘉辛看著他，點點頭：「我是個人，當然會感到寂寞，但我愛我的丈夫，愛我現在的生活，我不能因為我的寂寞就背叛我的丈夫，也不能因為我的寂寞就欺騙你的感情，如果我因為寂寞而做出了違背自己責任的事情，那我就真的會活在空虛之中，一輩子也無法得到安寧了！」

現實中，很多女人都會因為一時的寂寞難耐而讓自己陷入本不屬於自己的情感之中，愛到最後才發現，其實自己一直都是錯的，於是她們不停地質問自己，悔不該當初，只是一切都已無法補救。

「寂寞」可能是情感問題中極為致命的「武器」，它有時讓女人無從防備，甚至會同化女人的想法，讓她們在寂寞難耐的情況下做出錯誤的選擇，結果因為一時的失誤她們可能會錯過自己的真愛和選擇的機會。所以，20幾歲的女孩，一定要學會正視寂寞，寂寞其實並不可怕，妳要做的就是正確排解它們，切忌，在寂寞時找一個男人和盲目地選擇一段感情都是極不可取的！

貼心提醒

很多人常常感到寂寞難耐，尤其是女人。女人大都渴望被愛、被保護，因此，當心靈上遭遇空虛寂寞時，往往就會急迫地抓住一段並不屬於「愛情」的感情，像抓住救命稻草一般，不願放開，以此來安慰自己，排遣寂寞的感覺。而女人也常常會為此付出代價。而那些耐得住寂寞、能夠正視寂寞的女人往往能獲得真正屬於自己的幸福。

不必對初戀耿耿於懷

初戀都是青澀的，幾乎每一個奔三的女人都有著自己的初戀回憶，她們都對自己的初戀有著或多或少的回憶。在生活中，大多數女人的初戀似乎都無疾而終了，能夠真正與初戀步入婚姻殿堂的女人也是屈指可數，也許正因為這樣，才使得女人對初戀留有更多的「懷念」，很難輕易遺忘。

很難忘記初戀，這不是開玩笑，幾乎每個奔三的女人，都曾有過類似的感覺，尤其是不經意地聽到或得到初戀的消息時，那種源自內心深處的悸動可能會讓妳心慌意亂，即便此時的妳知道自己與那個人之間不會再發生什麼有關愛情的事情，而且妳也知道，這樣的懷念對於已經有了男友甚至結婚的妳來說並不明智，但曾經的美好和那種渴望回到過去的想法還是依舊會不時地出現在妳心裡，而當這種情況連續出現幾次以後，多數女人都會感到不同程度的不安。事實上，對初戀的懷念並不是一件「十惡不赦」的事，換言之，這種現象是很正常的，即使一個女人的初戀曾經令她非常痛苦，經過歲月的變遷後，她通常也會留下那些美好的記憶。因為很多女人都會在很久之後反思自己的初戀，緬懷初戀，而那個時候，她們大多會發現，初戀時尚未成熟的她們為了那個他付出是義無反顧的，她們了解，懵懂時刻的她們因為渴望愛，因而愛上了他們。在很多時候，當妳對初戀念念不忘、割捨不下時，並不是因為初戀對象讓妳難以忘記，只是那種感覺讓妳難忘，此時不妨給自己點時間，深刻地想一想，這樣做是否值得？

謝一凡自3年前與相戀2年的初戀男友分手以後，一直很消沉，雖然在這3年中她也談過幾次戀愛，但是每次戀愛都是無疾而終，最長的一段戀愛也不過只有6個月。短暫的戀情並非謝一凡對戀愛不夠專一或用心，也不是因為她選擇的對象都是渣男，只是因為她總是走不出自己的心結，每當和一個男人戀愛後，她總想從眼前男人的身上找到些與初戀男友類似的地方，總是在不經意間陷入對初戀感情的懷念之中，不斷遐想如果當初不分開，現在會是怎樣，這樣一來，謝一凡怎麼會感到開心與幸福呢，大部分時間都鬱鬱寡歡的她在男人眼中便成了無法交往的對象。

她的姐妹淘看著她這樣難過，常常安慰她，並告訴她：如果妳真的不能放手，就乾脆去找那個男人，告訴他妳的感受，至少不會讓自己一直沉淪於回憶之中。每當這時，謝一凡總是搖搖頭，無奈地笑著，因為在她心裡，她只是難以忘懷那段回憶，總是想知道若真的有「如果」會怎樣，但她卻沒有勇氣向前走一步。

姐妹淘了解了謝一凡的想法後，告訴她如果不能往前走，那就為了讓自己開心、幸福退一步吧，讓自己試著遺忘，從反思那段感情開始，讓自己搞清楚：當初的妳是真的愛上那個人了嗎？如果是，妳大可以告訴自己，他離開了是他不懂得珍惜眼前的幸福，而妳應該幸福生活；如果不是，那美好的回憶屬於妳，妳可以開始新的生活了。

謝一凡的問題，幾乎所有分手後的女人都曾遇到過，她們大都會如謝一凡一樣，問自己：「如果當初我們沒有分手，現在會不會……」此時，離開妳的那個男人其實就代表了一條妳沒有選擇的道路，而對於沒有發生的結局，女人時常充滿著強烈的好奇心，以致於念念不忘。這種思維也可以理解，但聰明的女人一定要懂得適可而止，這樣它便僅僅會成為一份美好的回憶，而不會像越滾越大的雪球，最後將妳吞噬。

那在現實生活中，女人該如何面對這種狀況呢？尤其是對於即將奔三的女人而言，該如何做呢？

首先，妳要做的就是摘下遮住妳視線的「桃心」眼鏡，不能總讓自己沉浸在美好的回憶之中，而應該仔細想想妳究竟為什麼和他分手，讓自己冷卻下來，客觀地去思考這個問題，而不是活在感性的情感瞎想之中。妳實際上是在不完整的回憶中，試圖把一段因某種原因而破裂的感情再次理想化。

接下來，就要認清這樣一件事，一直讓妳留戀的，究竟是那個已經離妳而去的男人，還是你們之間曾經有過的美好經歷，切記，這兩件事是完全不同的。此外，無論現在生活中的妳覺得自己生活得多麼不如意，都不能太過迷戀曾經的回憶，要知道，一旦當一件事被歸類於「曾經」的陣營之中時，就意味著，它已經過去了，不可能再回去了。此時一定要走出來，讓那些曾經的快樂成為妳生活的助力，更好地活在當下。

最後，女人一定要明白這樣一個道理，初戀大都是令人懷念的，但這並不代表那個男人是不可代替的。也不要懷著對那個人的遐想在當下的生活中物色妳的新男友或結婚對象。每一個想要步人婚姻的女人，都應該知道，適合成為妳丈夫的男人，絕非「前無古人，後無來者」，只要你們彼此吸引，就不必非將自己拘泥於某段前緣之中。因為在這個世界中，生活著各種女人，也生活著各種男人，妳若想尋找玫瑰，那就去認真挑選玫瑰，妳不能想著百合花，卻到玫瑰花園裡去挑選，那是行不通的，妳也不可能因此而獲得幸福。

聰明的女人，不會把一生的幸福寄託在前緣或是「百里挑一」的男人身上，因為她們知道，時間之於女人是非常吝嗇的，不應該讓「選擇」虛度了美好的青春。流年似水，所有的女人都會慢慢地長大，變得成熟。總有一天，妳會真正明白，初戀只是歷程，婚姻才是蛻變；或許初戀讓妳怦然心動，懵懂青澀的悸動令妳至今難忘，但妳更應該知道，能給妳終生關懷的卻還是婚姻中那個樸實無華的男人，而你們的感情不會永遠充斥著小鹿亂撞的悸動；初戀的美好對於女人而言僅僅只是一段記憶，形如夏日泡沫一般，終會消失。

身為感性的女人，難免懷念初戀，這本無可厚非，妳無須強迫自己遺忘任何一段美好的感情，畢竟那都是經歷，尤其是一生僅此一次的初戀。妳要做的是將它好好封藏，在心裡裱成一幅畫，寫成一卷書，僅僅用來觀賞，而非感懷，更別耿耿於懷！

貼心提醒

聰明的女人，不會把一生的幸福寄託在前緣或是「百里挑一」的男人身上，因為她們知道，時間之於女人是非常吝嗇的，不應該讓「選擇」虛度了美好的青春。流年似水，所有的女人都會慢慢地長大，變得成熟。總有一天，妳會真正明白，初戀只是歷程，婚姻才是蛻變；或許初戀讓妳怦然心動，懵懂青澀的悸動令妳至今難忘，但妳更應該知道，能給妳終生關懷的卻還是婚姻中那個樸實無華的男人，而你們的感情不會永遠充斥著小鹿亂撞的悸動；初戀的美好對於女人而言僅僅只是一段記憶，形如夏日泡沫一般，終會消失。

相愛不等於就此依賴

個性不同的女人對戀愛對象往往有些共同的要求，諸如，值得依靠等。值得依靠本是對男人的要求，然而慢慢的，一些女人扭曲了對這四個字的理解，變成了一旦相愛立即依賴的現狀，卻不知道，就算一個男人再愛妳，也很難完全讓妳依賴，因為依賴和依靠在本質上是不同的。

在生活中，男人大多以堅強、獨立的一面示人，一旦和某個女人相戀，他們大多會自願肩負起保護另一半的責任，為了讓另一半過上好的生活而拚命工作，同時他們也會承受著較大的壓力，即便是在「男女平等」的當今社會，我們也不得不承認，男人在社會中無論是他們自己還是社會給他們的壓力都會比女人多一些。即使他們有能力滿足一個女人的所有要求，他們也希望自己的另一半是一個獨立的女性，恰到好處的依賴能讓男人感到成就感，但太多了就難免惹人嫌了。妳或許會覺得男人的心很難讀懂，因為大多數男人都是十足的「兩面派」：一方面，他們有些大男子主義，希望自己的另一半小鳥依人，依賴自己；另一方面，他們又希望另一半能夠獨立，不完全依賴自己。實際上，這兩面是不完全矛盾的，對於想要獲得幸福的女人而言，首先應讓自己學會巧妙地處理這兩面的關係，讓他愛妳卻不煩妳，此外，妳還可以借助這兩面的關係來判斷妳對他到底是愛情還是單純的依賴。

依賴與愛情，是女人常常混淆的兩種感覺。依賴，是一種情感，因為女人只會對她們愛、信任的男人產生這種情感，它讓人親切，給人一種安全感，酷似愛情卻不及愛情，男人們常常渴望心儀的女人依賴他們，但有時又懼怕女人的依賴，因為依賴之感會蒙蔽女人的眼睛，讓她們誤以為那是愛情。

記得看過這樣一部電影，電影的名字記不清了，但其中一個場景卻時隔多年都無法忘記：一個很漂亮的女孩在失戀後，去找自己很要好的男性朋友傾訴，這個男孩在女孩因失戀而痛苦的那段日子，一直陪伴著女孩，幫助她走出失戀的陰影，有天女孩找到男孩，對他說：「我覺得妳是一個好人，只是我一直都沒有發現，但我發現，現在我喜歡上妳了。」所有的人看到這裡，都會為這個一直暗戀女孩的好男孩而感到高興，但男孩卻嘆了口氣說：「抱歉，我們還是當朋友吧！」

女孩很不解地看著男孩問道：「為什麼？妳不喜歡我嗎？」

男孩笑著搖搖頭：「傻瓜，我是怕妳以後失戀了沒有人安慰妳，所以我們還是當朋友吧，這樣無論妳發生什麼事情，身邊都有我安慰妳」。

也許很多人無法理解男孩的做法，因為人們相信男孩會給女孩幸福，但男孩自己卻知道，女孩只是喜歡有他陪著的生活，而那不同於愛，那只是女孩在落寞時的寄託和依賴，當女孩再次遇到真愛的時候，她依舊會離開，男孩不想到那時讓女孩為難，讓自己難過。

每個女人都有感情脆弱的事情，這個時候，女人最需要的就是一個可以依賴的肩膀，而此時，大多數女人也會錯誤地把給自己依賴肩膀的男人認為是自己的愛人，產生愛情的幻覺。

倩怡是一個非常乖巧的女孩，從小到大一直都是，小的時候，她聽從父母的安排，讀什麼學校，讀什麼科系，甚至連畢業後的工作都是她的父母安排好的，可以說，倩怡生活到現在，人生的每一步都是父母給她安排好的。

因為從小到大的生活經歷，讓倩怡養成了依賴他人的習慣，在大學期間，她依賴自己的舍友，戀愛後她開始依賴他的男友，但那時正處在找工作的緊張時期，男友承受不住倩怡的過分依賴，選擇了分手，從那之後的兩年，倩怡一直處於失戀的傷感之中。直到遇見吳迪，吳迪是倩怡在公司派對上認識的，對倩怡很有好感，因此常常請倩怡一起吃飯，在得知倩怡未果的感情之後，很是同情，並經常像個大哥哥似的安慰倩怡。

一天，倩怡不經意地對吳迪說：「謝謝妳，和妳在一起我真的很開心」，聽到自己喜愛的女孩說這樣的話，吳迪也很開心，隨即說道：「我也是一樣，倩怡，我一直都很喜歡妳，妳可以當我的女朋友嗎？」

倩怡看著吳迪，說：「你要答應我一個要求，不要背叛我，永遠！」

吳迪笑著點點頭。

從那天起，倩怡和吳迪就在一起了。愛情的甜蜜期，倩怡和吳迪每天都見面，雖然兩個人就在同一個辦公大樓工作，還是每天會給彼此傳訊息、打電話，他們恨不得每分每秒都黏在一起。有了新的愛情，倩怡也不再像以前那般鬱鬱寡歡了，變得開朗多了。對此，吳迪也很開心，覺得倩怡是因為自己才變得這樣快樂的。

然而事情卻並沒有一直朝著幸福的方向發展，因為吳迪慢慢發現倩怡對自己太過依賴了，無論什麼事情她都得問自己，要給她意見，甚至就連買衣服這類的事情，她也要吳迪出主意，倩怡還要求吳迪除了工作外的所有時間都用來陪她，這讓本打算在空閒時間去考金融系研究所的吳迪不得不暫時取消了計畫。

隨後的日子，吳迪有意地讓倩怡獨立處理一些事情，但是吳迪發現‧如果讓倩怡自己去處理事情，她就會變得很無助、委屈，讓吳迪很是無奈。吳迪很愛倩怡，但繁忙的工作和生活壓力讓他越來越無法忍受倩怡的這種依賴，兩個人最終還是分手了。

但直到分手，倩怡也沒有弄清楚自己是否真的愛吳迪，她究竟是愛上了吳迪這個人，還是愛上了那種依賴的感覺，誤把依賴當真愛。聰明的妳若不想步倩怡的後塵，就要清楚地知道，真正的愛情不是建立在依賴的基礎上的，而是真實、平等的關係，雖然，愛情中的他有責任在妳難過、不開心的時候給妳安慰，把肩膀毫不猶豫讓妳靠，但妳始終要明白，你們是兩個獨立的個體，1+1始終等於2，等於1的公式最後只能給彼此造成傷害。

女人習慣於依賴身邊她們認為可靠的人，這與女人敏感、感性的天性是密不可分的，她們需要透過依賴而獲得安全感，安全感能夠帶給女人安穩的感覺，讓她們更堅信眼前的生活與感情。從某種意義上來說，女人依賴男人，獲得安全感，從而更好地生活，這是沒有錯的。可一旦過分依賴，就很容易變成「依賴型人格障礙」，將另一半當成自己生命中的靠山，把他看成一切，放棄自己去嘗試、選擇、決定的權利，甚至失去獨立「站立」的能力，在這樣的女人看來，若沒了身邊的那個男人，世界幾乎就不復存在了。

生活中很多依賴感太重的女人離不開身邊的男人，並不是因為她有多鍾情於這個男人，而是因為依賴蒙蔽了她們的眼睛，這也是造成女性走入兩性關係誤區的主要心理誘因。

現在越來越多的女人宣揚獨立自主的生活，她們站在職場的前沿，在金錢上獨立，但卻往往會在精神上依賴男人，忽視了愛情的真諦是理解與包容，而非依賴與自私。

女人想要贏得美好的愛情、幸福的生活，首先要學會做一個經濟和情感雙雙獨立的女人，妳也應該有自己的聚會、自己的姐妹淘，沒有必要每天都圍著男人轉，身為女人的妳，只有擁有了這樣的心態，才能在更高的起點面對愛情，才能讓自己的愛情之花常開不敗。

想當初，未遇見胡蘭成的張愛玲是何等的傲氣，她那時已經是一個獨立女性了，在經濟上，她有著自己的事業，在情感上，她也宣揚女人要獨立，但她還是敗給了自己的愛情，敗給了一張送給胡蘭成的照片，在那張照片上，張愛玲這樣寫道：「見了他，她變得很低很低，低到塵埃裡，但她的心是歡喜的，從塵埃裡開出花來。」很美的文字，但也就是這樣的文字，讓胡蘭成真的把張愛玲當成了塵埃裡開出的花，不屑一顧，踐踏了一遍又一遍。

是的，美麗的話語如女人一般，天生要寫在愛情這張浪漫的信箋上，女人也因此贏得了只屬於自己的讚賞，然而，這封寄託愛情的信箋應該掛在最高的枝頭，而不是放在男人的腳邊，成為男人的依附，開心、難過都只為他一個人，失去了自我。女人的信箋應該是多彩斑斕的，妳可以因為一個人的愛而妖嬈，卻不要因為一個人的離去而枯萎！

美麗的女人，聰明的女人，可愛的女人……這個世界那麼美好的詞語都只為形容女人而生，因此，妳千萬不要自我放棄幸福綻放的權利，不要讓自己成為任何人的依附，妳應該獨立地站在他的面前，抬起高貴的頭，妳可以「挽住」他的手臂，但不要總「靠」著他的肩膀。

貼心提醒

女人想要贏得美好的愛情、幸福的生活，首先，要學會做一個經濟和情感雙雙獨立的女人，妳也應該有自己的聚會，自己的姐妹淘，沒有必要每天都圍著男人轉，身為女人的妳，只有擁有了這樣的心態，才能在更高的起點面對愛情，才能讓自己的愛情之花常開不敗。

第三章

慾望都市中的那一朵嬌羞睡蓮花

人們常說，真正美麗的女人不是因為她漂亮的外貌，而是因為她的可愛。而女人的可愛之處展現在哪裡呢？矯揉造作的女人雖然能偽裝出一副可愛的外表，但絕不會長久，因為那樣的可愛看久了會讓人心中厭惡，那何為女人的可愛呢？

知性、優雅、品味、智慧……塑造了女人的可愛，女人的細膩、溫柔、風情在這裡得到了最完美的表現，女人的魅力在這裡得以昇華，這樣的女人，沒有人會看膩，這樣的女人，無時無刻不是一幅賞心悅目的畫卷。

成為一個氣質美女

如何成為一個擁有迷人魅力的氣質型美女呢？

估計這是全天下女人都在尋找的答案吧，但妳有沒有想過，其實有些時候，妳苦苦尋覓的答案就在妳的身邊，而且源自那些微小的地方，到底是什麼呢？很簡單，是氣質！

試想一下，一個氣質優雅的女人站在某個街角，若無其事地看著路的對面，或許她不夠美麗，但她依舊能吸引很多人的目光。此時的她沒有看任何一個人，但她周圍的人卻都在仔細地觀察著她，他們小聲地討論著，這樣一個迷人的女人是從哪裡來的，她在看什麼？她要去哪裡……

現實生活中，任何一個女人，只要她願意，她就可以透過整形，將自己變成一個「人工美女」，漂亮有時就像昂貴的香水，只要妳肯花錢，妳就能擁有；但氣質則是一種與生俱來的氣勢。要不然人們怎麼會說「女人的氣質美不一定會因為外表的美麗而增長，但氣質美卻可以提升女人外表的美麗」。

多多今年剛畢業，在一家外企公司當助理，剛去第一個月就剛好趕上公司一年一度的舞會，因為屆時會有不少總公司的高層出席，便要求女員工都要穿晚禮服出席，這一下子難倒了多多，長這麼大她沒有穿過一次晚禮服，眼看著舞會日期一天一天逼近，多多真想大病一場請假算了。

她將苦惱告訴自己的阿姨，希望能從阿姨那得到些幫助，因為阿姨是聚會穿衣的高手。

首先，阿姨帶她去挑選了非常適合她的晚禮服，但是當多多穿上之後，阿姨發現一個問題，多多像個受傷的小兔子一樣半彎著身子站在鏡子前，都不敢看鏡子中的自己。

阿姨就說，「妳為什麼不看看鏡子?」

多多想也沒想就說：「我不用看也知道很難看，妳還記得小的時候我穿過一次裙子，結果被全班的同學笑，我看我還是不去了吧!」

阿姨拉住要逃跑的多多，說：「但是我在鏡子中看到一個很美的女人，不信妳看看」，多多聽了阿姨的話，也試探著抬起眼眸看鏡子中的自己，雖然站姿有些不妥，但的確不醜，多多漸漸地直起了身子，在鏡子前照來照去，然後笑了。

生活中，有些女人可能覺得優雅的氣質是針對那些有錢的女人說的，但實際上，一個女人的高貴與她的出身、地位和收入是沒有絕對關係的，高貴應該是由心裡散發出來的。大多男人不會喜歡交際花型的女人，也不會愛上那些唯利是圖的女人。因此要自己高貴起來，首先要選擇由心開始，當然這並非讓妳脫離世俗，而只是讓妳在心裡留出一片蔚藍的天空!

人們常說相由心生，而眼睛是一個人心靈的窗口，想要擁有不俗的氣質，首先應該讓自己擁有一雙會說話的眼睛，一般來講，含情脈脈且充滿善意的眼神是最具魅力的。也許有的氣質女人看上去總是有那麼點冷傲，但她們的內心是溫暖的，而如果你尚未發現，可能是因為她們覺得你尚不值得託付終生。

愛情之於一個女人來說，是非常重要的。無論是多麼優雅的女人，也終將會義無反顧地跳入愛河。但與那些沉浸在浪漫愛情傳說中的天真女孩不一樣，她們更懂得愛需要節制的道理，在感情上往往會堅持「半糖主義」，愛他就好了，不需要愛得海枯石爛。當遭遇男人的背叛時，優雅的女人不會大哭大鬧，逼問那個負心的男人為什麼狠心離自己而去，她們只是淡淡地點頭，默默地自我調適，因為她們心裡清楚，為一個負心的男人流再多的眼淚也是白費，既然如此，何苦為難自己，何必要為情所困，讓「情」誤了自己的一生呢？

女人不應該在一開始就把自己擺到一個乞求者的位置上，要知道這也是很多女人的感情以悲劇結束的原因所在：女人要對自己充滿自信，這也是成為擁有優雅氣質女人的先提條件，如果妳對自己都不自信，妳都不尊重自己，怎麼能夠要求別人尊重妳呢？對待男人也是這樣，優雅的氣質女人懂得拿捏與男人相處的距離，不會太遠也不會太近，妳太過重視一個男人，他可能就會忽視妳。因為感情是需要尊重和平等的……

韓美麗與丈夫結婚3年了，他們兩個人的婚姻讓很多身邊的朋友羨慕不已，丈夫帥氣、有能力，妻子漂亮、有女人味，但就是這樣一段被外人羨慕得不得了的婚姻，卻在兩個月前走到了盡頭，丈夫主動和韓美麗提出了離婚，原因很簡單，他覺得結婚這3年來韓美麗太依賴自己了，什麼事情都需要他來做主，而他覺得自己需要的是一個賢惠的妻子，而不是一個凡事都要他來料理的「孩子」。

剛離婚那段日子，韓美麗每天都過得渾渾噩噩，遇到這樣的事情，哪個女人的心裡能好過呢，直到幾個月後收到前夫的喜帖，韓美麗才恍然醒悟，她不能讓自己這樣下去，不能被那個拋棄自己的男人笑話。

就這樣，韓美麗強迫自己獨立，隨後的日子她拿著自己的履歷開始重新找工作，那段時間的韓美麗生活得很辛苦，但她得體的言語和優雅的氣質幫了她不少忙，給很多面試公司留下了很好的印象，最後韓美麗選擇了一家比較符合專業的公司，從一名小小的客戶專員做起，她從父母家搬出來，自己一個人租了一間房子，她要告訴那個離開她的男人，她是一個獨立的女性，而她之前的依賴僅僅是因為愛。

就這樣，2年多的時間轉瞬即逝，當年那個在前夫眼裡事事都需要別人幫她出主意的韓美麗如今已經成了那家公司的業務經理，她優雅的氣質，和2年多磨煉的堅韌，讓她在對待每一個棘手的問題時都顯得那麼從容。

或許是命中注定，又一年的公司年會，韓美麗竟然意外地遇到了前夫，他沒有多大的變化，但當別人向前夫介紹韓美麗是一位有能力的業務經理時，他明顯地表現出吃驚的樣子。他對韓美麗說他沒有想到她是一個這樣有能力又有氣質的女人，悔恨自己當初不該和她離婚。而此時的韓美麗只是笑著，她說如果當初不是因為他的離開，她又怎麼會開始一個人的獨立生活，起初的日子雖然有些苦，但很值得，這麼說來，她覺得她應該謝謝他！

韓美麗做到了，她憑藉著自己的努力讓離開自己的男人後悔了。妳或許不會遭遇韓美麗這樣的事情，但無論妳目前是生活在幸福之中或正尋覓著幸福生活，妳若想要成為一位擁有優雅氣質的美女，就要摒棄依賴的習慣，並努力創造一份屬於自己的事業，這個事業不一定要很大，但它一定是屬於妳自己的，因為真正的氣質女人，她們從來不會「卑微」地伸手向男人要錢花！

擁有優雅氣質的女人是充滿魅力的，妳若想要在成為這樣的女人，現在就要開始努力啦，首先改變妳內心原有的認知，接著從生活中的小事做起，如儀態、自信……當妳有所成績後，一定要從心裡肯定自己，要知道氣質如同陳年的酒一般，除了需要時間的沉澱，更需要妳的耐心！

貼心提醒

一個女人的高貴與她的出身、地位和收入是沒有絕對關係的，高貴應該是由心裡散發出來的。大多男人不會喜歡交際花型的女人，也不會愛上那些唯利是圖的女人。因此要自己高貴起來，首先要選擇由心開始，當然這並非讓妳脫離世俗，而只是讓妳在心裡留出一片蔚藍的天空！

讓魅力成為妳的「品牌」

女人鍾愛大牌，無論是從化妝品還是衣服，無論荷包裡有多少錢，不可否認她們在心裡都是崇尚大牌的，如迪奧，如香奈兒……為什麼那麼多女人崇尚大牌呢？虛榮？這只是其中的原因之一，除此之外，妳不可否認大牌的品牌效應。昂貴的大牌靠著品質和品牌效應打入銷售市場，成為眾人皆知的品牌。那妳有沒有想過，也打造一份屬於自己的「品牌效應」呢？當然，這可不是讓妳做生意，而是讓妳發掘自己的魅力，提升自己的魅力。不要驚訝，這完全不是在說笑，人也是有品牌的，一個女人留給外界的印象是美麗的、平凡的、性感的、高雅的還是低俗的，這其實就是女人的「品牌」，而認識的人便會將他們對妳的這種印象傳播給更多的人，這也就形成了妳的品牌效應。

女人都渴望自己能夠在世人面前樹立起獨一無二的魅力品牌，充分表現自己的個人魅力。那女人的個人魅力來源於何處呢？魅力是發自內心的，想要發掘自身的個人魅力，首先就要學會正視自己，清楚地認清內心深處的自我。

何筱雪是朋友圈中公認的魅力女人，無論誰見到她都會被她吸引。不過千萬不要誤會，她既不是什麼大明星，也沒有天使的容貌和魔鬼的身材，她只是一家建材公司的策劃專員，雖然工作很輕鬆，但她從來沒有懈怠過，即便是對於那些來公司實習的年輕員工，她也總是以禮相待。她積極的生活態度，時時刻刻都在證明她是一個有修養、有格調的新女性。

何筱雪並非天生麗質，但她總是給人一種越看越好看的感覺，在同事和朋友眼裡，何筱雪就是一個集美麗與智慧於一身的女人，幾乎所有認識她的人都對她抱持肯定的態度，也有不少與何筱雪不太熟悉的人在私下談話的時候說她可能是出生在富有之家，從小接受過良好的教育，不然怎麼能這樣魅力出眾呢？

事實上，何筱雪並非出身貴族，而是在貧困的單親家庭長大，從小與母親和兩個姐姐相依為命。她至今還未婚，就是為了照顧母親的生活。何筱雪雖然出身貧困，但她選擇了做後天的貴族，從而真的為自己創造了高水準的生活。

假如妳想為自己的品牌中注入高貴的元素，首先就要把自己當做成高貴的美女。

事實證明，但凡有魅力的女人，她的一舉一動、一顰一笑都有著魔法般的吸引力，有一種征服人心的力量，這樣的女人與魅力指數較低甚至還沒有開發自己魅力的女人相比，自然成功的機率更大些。

魅力其實屬於任何一個女人，換言之，每個女人都有著只屬於自己的心靈魅力，這種魅力會伴隨妳的態度和情緒而轉變，當一個女人內心過於陰暗時，終日活在嫉妒、怨恨、抱怨……之中，那她心靈的魅力值就會不斷下降。如果妳想成為一個極富魅力的女人，提升自己的魅力品牌效應，那麼除了漂亮的外表之外，內心還要始終洋溢著熱情，並且始終讓自己與潮流接軌。

生活中，到處都充滿了流行與時尚，不少被家庭、工作所累的女人，常常認為時尚與自己無關，並且覺得沒有時尚自己過得也很好，這其實完全是錯誤的，也是對時尚的誤解。時尚可以拓寬一個女人的領域，可以讓女人生活得更加愉悅。如果過分保守，心靈又怎會受到洗禮？所以，想要成為一個魅力女人，就必須要時時刻刻讓自己接受新的理念、新的知識，不然在朋友們的聚會上，妳哪有那麼多令人羨慕的談資呢？

另外，想要打造屬於自己的魅力品牌，不妨在休閒時間多接觸一些時尚運動或是與藝術結緣，閒來無事參加個登山社、網球社或者乾脆去練練鋼琴、學習時下流行的國標舞，總之，女人都應該培養一些可以打發空閒時間且彰顯妳品位的興趣。一般來說，見多識廣的人和什麼人都能談得來，這樣就更容易和社會上各個階層的人打交道，魅力值也會得到大大提升，有誰會否認，一個懂得讓自己的休閒生活豐富多彩的女人不是個充滿魅力的女人呢？聰明的女人也知道，魅力還需要自信奠基，而不輸給任何人的自信，才是幸福生活的本錢。

其實提升妳的魅力並沒有多難，從現在開始，在每個週末嘗試著為自己烹製幾道可口的佳餚，在辛苦工作之餘，給自己買點禮物犒賞自己；不要模仿那些倦怠生活的主婦，終日消極，無所事事，也不要過分追求時尚潮流，近乎「潮流」的跟屁蟲……

貼心提醒

魅力屬於任何一個女人，換言之，每個女人都有著只屬於自己的心靈魅力，這種魅力會伴隨妳的態度和情緒而轉變，當一個女人內心過於陰暗時，終日活在嫉妒、怨恨、抱怨……之中，那她心靈的魅力值就會不斷下降。因此，如果妳想成為一個極富魅力的女人，提升自己的魅力品牌效應，那麼除了漂亮的外表之外，內心還要始終洋溢著熱情，並且始終讓自己與潮流接軌。

知性成就女人的優雅

人們常常認為優雅是成熟女人的專利，因為她們經歷的多了，故事也就有了，這便是成熟女人的財富。或許，以年齡為沉澱的優雅的確如此，但以知性沉澱的優雅卻從無年齡之分，因為知性，即便是年輕的女人，她的內心也少了些許茫然與焦躁，無意間所流露出來的則是不羈的美麗與智慧。

對於男人而言，女人的優雅是一種味道，由內而外散發著迷人的芳香。優雅女人的言語中、舉手投足中盡是撩人的思緒、洋溢著曼妙的氣息。是的，優雅就是這樣令男人們痴迷。女人的優雅不是天生的，是依賴後天塑造的，而塑造女人優雅的重要因素之一，就是知性美。一顆善良的心，豐富的學識以及良好的修養，這樣的女人，舉手投足間便會盡顯優雅之感！

如果說優雅是一種風度，那知性就是一種內在氣質，一種獨特的迷人風格。知性之美靠裝是裝不出來的，它需要後天的培養，是依靠不斷的知識累積及對生活的思考感悟等累積出來的。

一個擁有知性美的女人，舉手投足間都散發著別樣的優雅，這樣的女人總是知道如何展現自己的美，她們的成熟、優雅、氣質、恬靜會在不經意間吸引她們身邊的人，無論男女。

知性女人能做到，談吐不俗，知識豐富，見解獨到，堪稱女中「豪傑」，且大多感性卻從不張揚，典雅卻不冷傲，內斂卻很懂生活。

知性與年齡有關，30歲之前，女人的知性美是張揚的，也多少有些許的淡薄，但卻因為淡薄而顯得青春洋溢；30歲之後，女人的知性美是飽滿的、內斂的，更是豐富的，每一抹微笑都是源於生活的沉澱。

知性還和閱讀有關，對書的迷戀，讓女人的內涵得到充實，從而能夠更為從容、豁達地面對生活之中的得與失、喜與悲。知性的美來自對生活的感悟，是一種長時間的累積，包括知識與生活的累積。因為擁有了這些累積，知性的女人必定是洞悉世事、人情練達的。她們在自己的人生舞臺上長袖善舞，自信滿滿卻不張狂；她們洞悉人情世故，熱情卻從不諂媚於人……生活的閱歷，時間的沉澱，讓她們的臉上除了美麗還多了一份從容與堅強。

由此可見，知性女人是極富魅力的，就如戴爾・卡內基（Dale Carnegie）所說：「我只推崇一種女人，那就是知性女人，每個女人都該讓自己成為這樣的人！」在卡內基看來，知性的女人最具魅力，因為她們總是那麼的智慧通達，超越了一般女孩子的天真幼稚，也區別於女強人的強勢與咄咄逼人，她們具有「隱約的奢華，明淨的幽雅，靜謐的吸引。」

的確，知性的女人總是給人一種透澈的美，一種若有似無的吸引，這便是最有力的魅力。

想要成為知性的女人，知書達理是最基本的前提，沒有知識的女人，必定與知性之美無緣，所謂知識也並非單純地禁錮於「博士」這類的頭銜上，也不是單純地指妳要「學富五車」，現實生活中，所謂的知性落實在女人身上，其實不外乎以下幾點：知情識趣，人情練達，洞悉世事，有靈性又不失彈性。

所謂知情識趣，就是要懂得生活，懂得為自己尋找生活中的樂趣，懂得營造生活中的浪漫。這樣的女人不會如小女人那般無理取鬧，不會如怨婦那般滿腹牢騷，更不會為了那個不愛自己的男人死纏爛打……

說完了知性女人的知情識趣，我們再來說說知性女人的靈性與彈性。有人這樣詮釋女人的靈性與彈性，「靈性，是心靈的理解力，是直覺，是心靈的悟性。有靈性的女人，善解人意，善悟事物的真諦。而彈性則是個性的張力。有彈性的女人，個性柔韌，伸縮自如。她善於在妥協中堅持。」試想一下，一個結合了靈性與彈性的女人會如何呢？她們必定是心思靈巧、智慧過人且儀態萬方的女人。

其實，成為知性女人並不難，就從增長妳的見識，提升妳的品味做起吧，讓每一天充實地度過，讓時間來豐富妳的閱歷和經驗，時刻保持自信，堅持夢想，保持獨立、自立……持之以恆，這樣一來，即便歲月會在妳的臉上留下「痕跡」也無妨，因為每一條細細的紋路都隱藏著智慧的光芒，即便時間讓妳的體型不再纖細，但妳有著特有的氣質和風韻，懂得用智慧提升自己的優雅，妳的人生同樣會完美綻放！

每個女人都該明白：唯有知性之美方可長存於時間之外，唯有知性之美可以成就女人的優雅與卓爾不凡。

貼心提醒

知性女人是極富魅力的，就如卡內基所推崇的，因為知性的女人總是智慧通達，超越了一般女孩子的天真幼稚，也區別於女強人的強勢與咄咄逼人，這樣的女人總能在不經意間流露出特殊的魅力。

努力充電，閱讀成就書卷女人

妳希望自己成為一名優雅的書卷女人嗎？妳希望的舉手投足間都散發著令人神往的氣息嗎？那麼從現在起，忙裡偷閒去閱讀吧！一個女人僅僅擁有美麗的外表是不夠的，她需要更多來自內在的優雅與品位，而這些靠名牌服飾和一流化妝品是做不到的。

然而好書卻可以改變妳的氣質，讓妳趨於完美。女孩到了20幾歲後，就已經開始慢慢接觸社會了，在與別人交流的過程中，談吐與修養是最能征服別人的。一個不喜歡看書的女孩不可能是充滿智慧的。沒事的時候，去書店逛逛，認真挑幾本可以提升自己的書籍買回家閱讀，不管是名著、理財還是勵志的，都有值得我們學習的地方，書可以讓人們的生活豐富，也可以讓人們的思維改變，選擇閱讀一本好書，勝過一個優秀的輔導師。

如果妳嚮往知性女人的書卷氣質，又不太能下苦心去練瑜伽，那看書絕對是妳提升自我的首選。選擇一本好書，泡上一杯靜心凝神的好茶，享受一段只屬於妳的午後時光，光影斑駁，此刻的妳便是一個暢遊在文字中的精靈。

現實生活中，有一部分女生只注意自己的穿著打扮，卻常常忽視了自己的氣質是否同樣具有迷人的美感。當然不可否認，漂亮的外表、時尚的裝扮、精緻的妝容的確也是美感的來源之一。但這樣的美難免會給人一種膚淺、短暫的錯覺。如果妳是個細心的人，妳就不難發現，對於女人而言，氣質才是最重要的，因為它能夠掙脫時間的枷鎖，而不受年齡和外表的限制。

一個真正充滿魅力的女人，必定是一個氣質非凡的女人，這種氣質對同性和異性都有吸引力，假如妳也渴望成為這樣的女人，從現在開始去讀好書吧！好書可以重塑妳的氣質。

經常讀書的女人，有一種精緻的美，她不似鮮花、美酒，卻如同與生俱來般地散發著一種淡淡的「清香」。

對於經常讀書的女人來說，一天之中最快樂的事莫過於靜靜坐下來讀一本好書。當身邊的朋友都在津津樂道於今夏的潮流與搭配的時候，唯有她如脫離凡事一般，靜靜地暢遊在書海之中，漸漸地陶醉、沉迷，不斷地洗滌自己的世界，沒有嘈雜、紛爭、嫉妒，唯有安然！

經常讀書的女人，會將生活過成詩，無論悲喜，無論困苦，她們不會輕易抱怨生活，不會裝腔作勢，有種「走自己的路，讓別人說去吧」的大氣之感，總是在不經意間透著一股書卷氣。

經常讀書的女人大都嚮往簡樸的生活，因為那是她們的生活方式。日常生活中，她們雖不會素面朝天、毫無修飾就出門，但也絕不會穿金戴銀、花枝招展地招搖過市。她簡樸到即使居住在繁華的都市，也能過得如同在遠離紅塵的鄉村一般，她絕不會向寂寞低頭，她是真正的閒適之人，恬淡而輕鬆！

經常讀書的女人，她們的生活會越來越充滿情趣，她們很少去感嘆生活中的失去與不圓滿，對她們來說，能夠健康地生活，就是最幸福的事。這樣的女人，妳大都無法一眼看出她們的真實年齡，因為她們擁有從容的心態和健康的心境，這就是她們永保青春的「武器」！

貼心提醒

一個真正充滿魅力的女人，必定是一個氣質非凡的女人，這種氣質對同性和異性都有吸引力，假如妳也渴望成為這樣的女人，從現在開始去讀好書吧！好書可以重塑妳的氣質。

低調是一種教養，更是成功的助力

生活中，總是有這樣一群女人，她們或許機智聰明，能力出眾，但卻長著一張天生愛炫耀自己的嘴巴，常常一張嘴就使人感到她們狂妄自大，因此別人很難接受她的觀點或建議。同時，這類女人大都以自我為中心，喜歡表現自我，唯恐他人不知道她有能力，處處顯示出自己的優越感，無論在哪方面都希望得到他人認可與敬仰，但事實上，卻常常事與願違，她們得到的大都是人們的不屑與疏遠。

其實，大家若能夠以低姿態出現在他人面前，更加容易讓對方認可、接受，這樣的女人，即便是小有成就，也很容易得到他人的稱讚，反之，若一味的自大妄為，則很難獲得他人的好感。

李妍是一家物流公司的主管，年終公司統計工作，對她的工作予以了肯定，並給了她一筆數目不小的獎金，在年會上，上司請李妍出來為大家講幾句話。

李妍自信地走上臺，把自己的業績歸功於自己調配人員是如何有技巧、處理大訂單時如何的果斷和聰明以及如何辛苦加班。她說的這些確實很對，可以說沒有絲毫的誇張，她一直也都是這麼做的。年會過程中，她都很坦然地接受員工對她的祝賀和上司對她的稱讚。從始至終，她沒有對老闆的信任表示感謝，更沒有提及同級部門的合作和下屬的努力。下屬和同事們開玩笑要她請客慶祝一番的時候，她卻一本正經地說：「我得獎金，你們需要這樣起鬨嗎？下次我會拿更多，到時再考慮考慮……」

可是沒過幾個月，李妍不但沒有拿到獎金，還因為沒有完成銷售任務被扣掉了兩個月獎金。可悲的是，她居然沒有注意到下屬越來越懶散，老闆也開始故意為難她了。

一個女人在工作中即便表現得再出色也未必能夠獲得上司與同事的好感，未必能夠成為一個受歡迎的人。一個成功的女人即便再有才華，也要適時藏起來，這是一種內斂的特質，也是有效保護自己的方法。能力只用在工作中就可，不必沒完沒了地說給別人聽，不必把自己的心理能量浪費在無謂的人際鬥爭中。

日常生活中，因為利益等問題，人與人之間或多或少都存在著一種排斥的心理，即便是要好的朋友也是如此，畢竟每個人都不希望總看著別人閃耀，所以成功的女人要學會掩飾自己的鋒芒，不讓自己成為他人嫉妒的對象，陷入某種是非之中。很多時候，妳也需要有一顆防人之心，以防患於未然，這樣才能融通處世，一生順達。

大家在為人處世中，一言一行都應該為他人的感受著想，學會安撫他人的感受，當妳做好的時候，妳不必大肆宣揚，對方也會知道。

一個懂得低調處世的女人常會遠離災禍，輕輕鬆鬆地踏上成功之路，而一個高調炫耀的女人卻常會被煩惱纏身，哪還有足夠的心思去追尋成功呢？所以大家為人處世，一定要時時刻刻謹言慎行，不要讓自己鋒芒太露，招人妒忌，以避免引發不必要的煩惱。

貼心提醒

大家在為人處世中，一言一行都應該為他人的感受著想，學會安撫他人的感受，當妳做好的時候，妳不必大肆宣揚，對方也會知道。

善良，女人最該堅持的「本性」

快樂之於人是非常奇妙的，因為它總是在妳四處尋找的時候躲藏起來，於是乎人都感慨生活中快樂難尋，但並非所有的快樂都這樣，還有一種快樂是付出就能夠得到回報的，這種快樂常常會在妳幫助他人、給予他人快樂的時候充滿妳的生活，這便是善良、善意帶來的快樂。

在生活中，遇到需要幫助的人，不管是妳認識的還是不認識的，妳都該伸出援助之手，當妳幫助了這些人，看到他們臉上露出的微笑後，妳難道不會也從心裡感到開心嗎？為他們感到開心，更為自己幫助了別人，給別人帶來了快樂而感到開心。

如果妳懂得用善良澆灌生活，時時刻刻帶著善意的眼光去看待生活，那妳還會擔心妳的生活不絢爛多彩嗎？妳還怕妳不能收獲人生中的快樂嗎？

當妳感慨生活不夠快樂的時候，當妳因沒有人能夠帶給妳希望與快樂無奈的時候，為什麼不換個角度想想，先去為別人做些什麼，試著讓自己去製造快樂，而不是等待快樂上門，如果妳是一個善良的女人，願意為別人製造快樂，那妳也定會成為一個快樂的女人。

多付出一些，就可以多得到一些，這些不一定是來自對方的回報，而是在妳付出的同時由自己給予自己的，就像蠟燭點燃，雖然燃燒了自己，然而在燃燒的過程中，它也照亮了自己，帶給了自己光明，而善良帶給妳的心底的快樂也是這樣的道理。

每個人都應該在心底播種一棵善良的種子，懷著善意之心對待人生，很多時候，一句不起眼的問候，能夠帶給絕望的人以希望；一個善意的微笑，可以化解一場爭端……妳要知道，善良是女人極具魅力的武器，也是女人收獲快樂與幸福的基礎。因為妳在付出善良的同時，也會收獲他人對妳的信任、幫助、理解與支持。

在現代社會中，不少女人會覺得善良不免有些逆來順受，甚至是軟弱的同義詞。如果女人那麼想，首先就誤解了善良真正的意義，善良不是軟弱，不是逆來順受，而是看待社會與生活的態度，善良的女人從不屈服於惡勢力，她們總會找到解決問題的最佳辦法。

尤卡是東印度石油公司的中階經理，有一次她被派到南非出差，動身之前，所有人都叮囑她到了那邊多加小心，因為據說那邊會有很多乞討的人蹲守在大酒店門口要錢，會很煩人，有些乞討者甚至乾脆直接搶錢，對此尤卡也感到很擔心，但是到了下榻的酒店後，尤卡並沒有看到如想像中一樣的景象，酒店的門口只有一個乞討者，而且還是一個13歲左右的小女孩。

女孩跪在門口，乞求著每個從酒店出來或進去的人能夠給她點錢，但幾乎所有人都很不耐煩地推開女孩的手。尤卡也走過女孩的身邊，女孩同樣伸出手，尤卡看著女孩，她打開自己的皮包，在裡面找了很久，掏出了一個漂亮的髮夾，放在女孩的手裡，然後對女孩說，「這是來自印度的禮物。」

女孩拿著髮夾，高興地在頭上比劃，朝尤卡笑著，尤卡摸了摸女孩的頭，很多從酒店出來的人奇怪地看著尤卡，他們或許是不明白，一個穿著如此體面的女人怎麼會去和一個邋遢的乞丐打交道呢？

但在尤卡來看，眼前不過是一個可憐的小女孩，而自己只不過是滿足了她想要得到禮物的願望而已。

第二天，當尤卡從酒店出來的時候，女孩朝著尤卡走過來，她笑著指著自己頭上的髮夾說：「朋友們都說很漂亮，這是我長這麼大收到的最美的禮物，為了報答您，我會無償地做您的嚮導，帶您去您想去的地方！」

尤卡笑著，告訴女孩她有點急事，所以會叫計程車去，但是尤卡站在酒店門口很久，也沒有等到一輛空著的計程車，女孩告訴尤卡，這個時間段在這個酒店是叫不到車的，但是只要穿過那條街到處都是空車，女孩告訴尤卡她可以帶尤卡去，而且離這裡並不遠。於是尤卡跟著女孩去了那條街，果然輕鬆找到了計程車。

尤卡得到了女孩的幫助，在約定時間內到了要去的公司開會，談成了合作。

尤卡最初的善意之舉，讓她得到了女孩的幫助，完成了自己的事情，由此可見，善良應該是一種溫馨的力量，它可以為妳聚集人氣，使妳成為一個受人歡迎的人，同時，在妳需要的時候，妳也能得到他人的幫助，並收獲快樂。

如果妳想成為一個快樂的女人，那千萬不要吝嗇付出妳的善良！

貼心提醒

善良不是軟弱，不是逆來順受，而是一種看待社會與生活的態度，善良的女人從不屈服於惡勢力，她們總會找到解決問題的最佳辦法。

寬容之心，成就女人的大氣之美

生活中不少人都有這樣一種感覺，那就是有些時候，看什麼都不順眼，看誰都煩，難道真的是她們的生活很差，身邊的人很討厭嗎？不是的，只是她們自己的心態作祟罷了，試想一下，若一個人的心態不好，總是煩躁、心情灰暗，那就算讓她看喜劇，她也未必笑得出來。

由此可見，良好的心態對女人來說是多麼重要，對此有人曾說：「女人要逃離那些灰暗的小說，它只會讓大家與悲傷越貼越近，生活並不是小說情節的翻版。不要總是提醒著自己遇到的不幸，要知道在這個世界上有著很多比妳還不幸的人，只要能夠抬起頭看到陽光就是幸運的，那些生活裡的挫折比起一個人的人生只不過是一個再小不過的插曲，想在這個社會上立足，就要有平和的心態，在患得患失的人生裡，我們時刻都在選擇著，也被別人選擇著，我們應該有點阿Q的精神，痛苦並快樂的生活都是我們的選擇，為什麼要讓自己沉溺在痛苦中呢？」

事實也正是如此，人的一生不會永遠風平浪靜，也不會一直沉寂在黑暗之中，它是一個交替的過程，上一秒鐘可能是厄運，下一秒鐘可能便是好運，生活在這樣的世界中，女人必須要學會抱著平和的心態去面對，如果一個人把心放寬了，那麼便沒有那麼多煩惱了。

曾經有一位老者，他家的庭院前面有一大片空地，一日，他的一個朋友來訪，見了便對老者說：「你家的庭院有那麼一大塊空地，一直空著很可惜，不如種點花草裝點一下吧！」

老者笑著說：「隨時。」

因為朋友要在老者家中住上一段日子，便開始替老者張羅起種花草的事情，沒想到播種那日，突然颳起風來，很多種子剛撒在地上就被吹走了，於是朋友無奈地對老者說：「風很大，把種子都吹走了，白撒了。」

老者卻說：「沒事，被風吹走的多半都是不能發芽的，能發芽的種子多半都在地上。隨性。」

沒想到到了下午，小鳥落在地上，吃了一些種子，朋友拿起竹竿轟鳥，還叫老者一起來幫忙，老者依舊坐在原地沒有動，只說：「種子足夠多，鳥吃不完，隨遇吧！」

半年後，老者的朋友再次來到老者家，正好遇上那片地上的小草開花，一片片紅花，朋友高興極了，連忙拉著老者出來看，老者只淡淡地微笑，說：「隨喜！」

也許有人看到這個故事，會覺得這個老者腦袋有問題，什麼事情都一副隨便的態度，但事實上，這正是這位老者智慧的表現，所謂隨，不等於跟隨，而是順其自然，不怨恨，不強求，當然，也絕非隨便的意思，而是把握機緣，不悲觀，不過喜……

其實這正是生活的本質，沒有什麼事情能夠完全圓滿，也沒有什麼事情總是徹底的壞，每個人的一生總要經歷無數坎坷，而坎坷過後總要迎來短暫的安逸，這一切都不是絕對的。

在漫漫人生之中，遭遇挫折並不可怕，因為沒有戰勝不了的挫折，問題的關鍵在於妳對待那些不如意事情時的心態。

老者看到種子被風吹走沒有著急，而是想到，能被風吹走的種子一定是重量相對輕、品質不好的，那留在地上的種子就是能夠發芽的、飽滿的種子，這何嘗不是達觀、灑脫的表現呢？

這種灑脫不是造作的表現，而是來自內心的豁達與平和。豁達、平和的人懂得，沒有必要為了生活中的不平坦而耿耿於懷，他們不會太在意成與敗，而是更懂得順其自然地看待生活、享受生活。

能夠樂享生活的人大都是心態平和的人，因為只有這樣的人才能夠發現生活中更多的美，才能夠做到真正的樂享。同樣的事物，不同的人有不同的認識，不同的感覺，因為他們有著不同的看待問題的角度。一個失意的人和一個春風得意的人看同一處風景，前者可能會覺得悲傷且索然無味，而後者則多半會認為那是美景，出現這樣的結果，就是因為兩人所處的心境不同，而風景是一樣的，其實前者也可以獲得後者的那種美好感覺，只要他願意讓自己換個角度去看待問題，以平和的心態對待生活中的那些挫折，那他也可以獲得快樂，樂享自己的生活。

平和的心態是每個女人都應該修練的，因為它是一種面對世俗的繁華保持內心平靜與豁達的滋味，是女人獲得幸福人生的基礎保證。一個女人用平和的心態去對待自己的人生，她的人生才會綻放光彩；一個女人的心寬了，她才能看到生命中的美麗，才會看什麼都順眼，做什麼都感到舒心，這樣一來，幸福怎麼會遠離她呢？

貼心提醒

人的一生不會永遠風平浪靜，也不會一直沉寂在黑暗之中，它是一個交替的過程，上一秒鐘可能是厄運，下一秒鐘可能便是好運，生活在這樣的世界中，女人必須要學會抱著平和的心態去面對，如果一個人把心放寬了，那麼便沒有那麼多煩惱了。

女人的「祕密花園」—衣櫥的祕密

每個女人都有一個屬於自己的衣櫥，而這個看似簡單的衣櫥裡，其實裝著的是那個女人的祕密……千萬別多想，這可不是什麼偵探電影，把情人藏在衣櫥內，而是指那些被女人放在衣櫥的衣服、配飾等等，而且大部分女人都不大喜歡外人翻看她們的衣櫥，那種感覺與被大風掀起裙擺無異，或許妳還沒有明確感應到，但衣櫥的確是女人重要的「祕密花園」。

或許對於絕大多數男性來說，衣服不過是遮擋風雨或者迎合某些人的工具，而男人們的衣櫥也只是個裝衣服的櫃子罷了。可女人們與衣服和衣櫥的關係卻不同於此，除了以上的功能之外，它們還代表著女人最熱切的人生追求，和一些她們自己都無法用語言表明的願望和情感。

記得看過這樣一部電影，故事發生在１９５０年代的英國，那個時候，貴族與平民之間的愛情是不被認可的，一位富商的女兒瞞著家人帶著一個小箱子離開了家，準備和一個窮小子私奔。女孩趁著夜色，帶上小箱子離開了家門，很多人會開始討論女孩會在箱子裡裝什麼，是珠寶、金幣或者家人的照片，因為離開後她便不能再回家了……諸如此類，但事實上，這個箱子內只裝有一件灰藍色的晚禮服，沒錯只是一件晚禮服，妳肯定會覺得富家小姐不可理喻，什麼時候了還帶件晚禮服，但對於這個女子來說，意義卻非同一般，她渴望一切不好的事情都能夠盡快過去，此時的晚禮服就如同她的信念之火一般，她堅信暴風雨終將結束，而雨過天晴後，她依舊可以穿上心愛的晚禮服和心愛的人一起共舞一曲，她相信自己能夠熬過去，終有一天可以穿上這件晚禮服。

看吧，衣服對女人來說，就是有這樣神奇的作用，它或許代表著一種願望，或許傳承著一份夢想。衣服還具有神奇的社交作用，女人們可以輕而易舉地從對方的衣著中洞察對方的心理活動，她們也時常借助自己的衣著，向外界表達自己的情感。

很久之前看過瑪格麗特·莒哈絲（Marguerite Duras）的一本書，書名忘記了，只記得當時從朋友的書架上隨意拿來，隨意打開，卻在不經意間受到了啟發，書中有段內容是這樣寫道的：

「女人都是非常古怪的，就像我一樣，不知道從什麼時候起，我開始發現自己竟然會被每天穿的衣服的顏色與樣式所左右，起初我認為這是不能容忍的，但我漸漸發現，這是個很奇妙的事情，當我穿著一條黑色的長裙，在上面搭上一件休閒的外套時，我就彷彿回到了童年時候，想起來年幼時在巷子口與情人約會的場景；而當我在上面搭上一件毛領披肩的時候，我又會瞬間覺得自己是一個宮廷的貴族，雖然我的靈魂依舊很卑微，但我還是會抬著頭、挺著胸輕快地在人群中邁著步子，而我自己也會因為這些變化而興奮不已，甚至感到無比的快活，想想看，這是件多耐人尋味的事情啊！」

從上述文字中，不難看出，衣服的作用是如此神奇，很多時候，就在連女人自己都沒有察覺的一瞬間，衣服就已經改變了女人對事物的情感和心態了。

無論妳是否意識到衣服產生的作用，都不可否認，妳的心情常常會受到衣服的影響。衣服可以從側面提升一個女人的魅力，聰明的女人大都知道如何掌控衣服，讓其為自己服務，更完美地展示自己，而不會為了衣服分心。

是的，不為了衣服分心，不要覺得這樣的話聽上去有些可笑，試想一下，如果妳總是擔心自己的肩帶會滑落下來；或者老是想著自己的領口是不是開得太大，會不會走光；或者是擔心自己的長裙會在某個不經意的時候絆倒自己，讓自己出糗……妳總是在為這些事情擔憂，妳的心情又怎能放鬆，行為又怎能大方呢？要知道，真正優雅、漂亮的衣服絕對不是譁眾取寵式的，而是那種會在不經意間散發妳的性感與美麗，讓妳的身體和著裝渾然天成，自有一番韻味！

妳可以從一個女人的穿著來判斷她的內心情感及個性，從而對她做出第一認知的評價，妳也可以透過完美的搭配，讓自己在擁有一份好心情的同時，帶給周圍人不一樣的感覺，提高大家對妳的評價。

衣服的作用就是如此神奇，它可以幫助女人增強自我表現力，為女人的魅力錦上添花；可以幫助女人找到心理上的平衡，當一個女人心情沮喪時，不妨穿一件亮色調的能夠令人振奮的衣服，那她的心情也會隨之變好的。

綜上所述，衣櫥的確是女人的「祕密花園」，而隱藏的正是那些被「穿」在女人身上的祕密。女人的衣服彰顯著她的個性，也在不知不覺間透露著她的祕密，但無論是哪一種個性的女人，只要她勇於向世界展示自己的與眾不同，她就是有魅力的女人！

貼心提醒

妳可以從一個女人的穿著來判斷她的內心情感及個性，從而對她做出第一認知的評價，當然，妳也可以透過完美的搭配，讓自己在擁有一份好心情的同時，帶給周圍人不一樣的感覺，提高大家對妳的評價。

第四章 會說話的女人最出色

妳會說話嗎？妳的答案一定是肯定的。人生下來就會說話，可以說話就代表著會說話嗎？當然不是，正常的人都能說話，可把話說好，卻不是誰都能做到的，這直接影響著一個女人事業的成功及個人魅力的形成。

一個出色的女人，或許沒有很高的學歷、漂亮的外表、性感的身材……但她一定是一個會說話的女人，這樣的女人總是會比別人先一步到達成功的彼岸，因為一路上，她們總是能得到「貴人」的幫助，因為她們懂得如何「口吐蓮花」，把話說到對方的心坎裡去！

會說話，更要會說「不！」

妳可能常常會遇到這樣的問題：身邊的人，無論是同事或者親朋好友，突然開口讓妳幫他做一件難度很高的事情。妳要是答應吧，的確太難了，妳自己也沒把握能做好，說不定沒做好還落得一身埋怨：妳要是不答應吧，都是熟人，人家一般不會開口，這突然開口妳就拒絕人家，面子上也過不去，究竟要怎麼辦呢？

莫然是一家律師事務所的會計，也是公司出了名的「濫好人」。認識她的人都知道，莫然的座右銘就是「有事您說話」，無論是誰，只要有事求莫然，她都「來者不拒」，一一答應。莫然這種「樂於助人」的好品格很快為她贏得了良好的口碑，但與此同時，也為她自己帶來了一身的麻煩。

工作上，莫然答應同事的請求，幫對方做報表，結果自己的工作被耽誤了；生活中，她又答應幫助已婚的朋友照顧孩子，結果自己的假期泡湯了，最後憤怒的男友差點和她分手；經濟上，莫然已經借出去了幾千塊，但大都是有借無還……

這樣的日子讓莫然焦頭爛額，她覺得自己應該拒絕身邊人的要求，但總是說不出那個「不」字，覺得自己要是說了就好像犯罪般難受。

的確沒有人喜歡被拒絕，也沒有人願意拒絕別人，但是想想若不拒絕妳生活中可能會出現的麻煩事吧，所以聰明的妳一定要果斷地將「不」說出口。

說到這裡，女人們肯定要問了，那有沒有既能拒絕對方又不傷大家和氣的辦法呢？

當然有啦，下面就趕快來看看吧！

傾聽在前，拒絕在後

當妳身邊的熟人向妳提出要求時，他們自己的內心此時也是忐忑不安的，甚至也有著某些困擾和擔憂，擔心妳會如何看他，會不會拒絕他。在這個時候，妳決定拒絕他之前，要讓他把所有的話都說完，這樣妳能夠更加清楚對方的處境，即便妳拒絕他，妳也可以為他指出一條可行的道路。

其實，女人拒絕他人常常比男人有一定的優勢，因為女人善於傾聽。而傾聽能夠讓對方感受到妳的尊重，這樣即便妳之後要拒絕他，對方心理上也不會覺得太難過。當然，傾聽完對方要說的話，如果妳覺得他請求妳做的事情是妳力所能及的，妳就要盡可能幫忙。

委婉拒絕，給對方留有餘地

溫和的回絕總是比情緒激動的回絕效果要好得多。拒絕的話說出口通常會引發一系列的負面連鎖反應，若此時妳的表現過於激動，情緒有些惡劣，那對方也一定會很生氣，畢竟當妳拒絕一個人時候，他的情緒本身就好不到哪裡去，而此時妳又惡言惡語，就如同火燒焦油，必定會引起不必要的爭執與麻煩。

替對方著想，溫暖人心

在拒絕對方的時候，聰明的妳可以多為對方的利益著想，這樣通常比較容易達到目的。

妳可以對那些求妳幫助的人說，妳並非不願意幫助他們，只是這樣做對他們也不好，尤其是那些前來找妳幫忙完成工作的同事，妳大可以告訴他們，「我對這方面的內容不熟悉，到時候出了差錯，上面會以為你的專業性不強，這會給妳的工作帶來負面影響，而且我最近也忙著趕工作，做起來會很倉促的。」

這樣一來，同事不僅不會懷疑妳的意圖，還會對妳切實為他著想而產生感激之情。

建議與關懷並行

拒絕對方的時候，除了要注意語言技巧之外，更要妳發自內心地去關心一下對方，妳還可以幫助對方想一些可行的辦法，而且，過一段時間就去詢問一下對方處理這件事情的進展。這樣的話，有時比妳答應了他們的請求還有意義。

最後，值得注意的是，千萬不要忘記在拒絕對方後說一句：「真的很抱歉，沒能幫上妳！」

貼心提醒

沒有人喜歡被拒絕，也沒有人願意拒絕別人，但是想想若不拒絕妳生活中可能會出現的麻煩事吧，聰明的妳一定要果斷地將「不」說出口。

會說不等於能說，要說出「涵養」

有些人可能覺得，能說就等於會說，其實不然，妳去菜市場逛一圈，妳會發現那裡賣菜的阿姨超級能說，但她說得再多，給妳的也只能是世俗的感覺，賣菜她絕對的拿手項，但若將這口才用到社交談判中，就可能一點用處也沒有了。作為女人，千萬不能夠局限「會說」的含義，妳美麗的嘴一張一合間，人們不僅能夠聽到妳的聲音，也能夠感受到妳的個人修養，而很多時候，決定一件事成敗的往往就是這種隱藏在妳話語背後的個人修養。

李夢涵是一家傳媒公司的主管，她年輕、漂亮，常常會讓人覺得她是個冷美人，也有人覺得她年僅25歲，進公司不到一年就坐上了主管的位置，肯定有什麼不可告人的內幕，但當人們與她交談之後，這樣的想法都不攻自破，因為無論她和什麼人交談，都保持著溫和的微笑，她謙遜的態度將她的個人修養展現無遺，即便有時有些嫉妒的女生對她出言不遜，她也從不會用話語回擊，而是大都先從自身尋找原因，並尊重對方的意見，即便所有人都看出明明就是那個嫉妒的女人在故意找碴，李夢涵也從不會逞一時的口舌之快，而總是大方地面對對方。也正是李夢涵的這種方式，讓她贏得了越來越多人的肯定和支持。後來有人詢問李夢涵·她是怎麼做到這一點的，李夢涵只是淡淡地微笑著說：「好聽的話誰都會說，但如何說好卻不容易，很多時候，我聽到不好的話語時，我也會氣憤，但轉念一想，何必呢？我所能做的就是大方得體地表達我的意思就好，無論對方是誰。此外，在沒事的時候，我會多豐富自己的知識，汲取經驗。語言是一門值得研究學習的課程，它所反映的不僅僅是妳的思維，還有妳的修養，而修養對一個女人來說，太重要了！」

修養對一個女人來說太重要了，而表達能力也並非女人天生的能力，它也是需要後天付出努力培養的。良好的表達能力不僅僅表現在說上，還包括心態、儀態、行為等多方面。簡言之，它是個人的一種修養，只有不斷提高個人的修養，妳才能具備非常出色的表達能力，也只有將良好的個人修養融入妳的談話中，妳才能真正成為一個「能說會道」的女人，受到眾人歡迎！

說到這裡，估計很多女人都等不及想知道，怎樣才能提升個人修養、怎樣才能將個人修養揉進談話中呢？

其實，提升個人修養是一個循序漸進的過程，妳可以透過多汲取知識、保持良好的心態等獲得，而將修養融進談話中，則更多地表現在妳說話的能力上。

首先，在交談中，妳必須尊重對方的意見。

話語是人的思維反應，一般人們想到了才會說，如果對方所表達的想法是錯誤的，甚至是對妳有傷害的，那麼此時，妳也要尊重對方，不要隨意打斷對方的話，也不必惱羞成怒。無論對錯，都要坦然面對。

其次，不要和別人搶話。

很多新人職場的女孩為了積極表現自己，常常希望把自己的見解快速說出來，這樣的心情是可以理解的，但在與他人交談的時候，硬生生打斷對方的話，在對方發言的時候，妳捷足先登，把對方說的話硬生生地擠回去，只是為了讓自己暢所欲言，會讓人別人覺得妳不厚道，甚至對妳產生厭惡心理，不願意與妳交談。

最後，也是女人交談的大忌——千萬不要說侮辱性的話語。

看過《九品芝麻官之白面包青天》的朋友，一定對電影中罵人的橋段記憶猶新，兩個人對罵，其中一方被罵到七竅生煙。但現實生活中，作為女人的妳，千萬不要為了一時的口快就不注重口德，毫無顧忌地去攻擊對方。

想要提升自己的語言修養，很多詞語，妳必須將它們關進「冷宮」，比如很有攻擊性的「胖豬、矮冬瓜、白痴、傻子……」

如果妳是一個優雅的魅力女人，那妳就更不可以說帶有侮辱性的話語，以免他人對妳的印象大打折扣。

如果妳想讓妳的話語間流露出良好的個人修養，那妳就必須從提升內在修養做起。要知道，與人交際，需要的可不單單是語言，還需要妳良好的個人修養和風度！

貼心提醒

修養對一個女人來說太重要了，而表達能力也並非女人天生的能力，它也是需要後天付出努力培養的。良好的表達能力不僅僅表現在說上，還包括心態、儀態、行為等多方面。簡言之，它是個人的一種修養，只有不斷提高個人的修養，妳才能具備非常出色的表達能力，也只有將良好的個人修養融入妳的談話中，妳才能真正成為一個「能說會道」的女人，受到眾人歡迎！

優雅的談吐，為妳開闢人生路

優雅的談吐之餘女人就如同美麗的容貌一般，有著非同一般的吸引力。如果妳能習慣運用文雅的辭令，即使偶爾開個玩笑，說些俏皮話，妳依舊能給對方營造一種有涵養而又不失可愛的良好形象，這樣的妳，對方怎麼能不樂於與妳交談呢？

反之，若妳的行為舉止粗糙，語言粗俗，那對方自然不會樂於與妳交談，甚至會把與妳交談當成一件很恐怖的事情。平日應該練習談話的技巧和優雅的舉止，給對方留下良好的印象。

作為女人，妳的談吐是否優雅迷人，直接影響著妳對他人的吸引力指數，也是決定妳是否擁有好人緣的重要因素之一；同時還決定著妳能否自如地與別人說話，並表現出足夠的自信。看到這裡，可能好多人就要問了，談吐優雅究竟展現在哪些方面呢？談吐優雅的範圍其實是非常廣的，它並不完全局限於某一類話題或是妳說話時的某一種內容，它包括妳的語氣、語調、手勢、表情，當然還包括妳的文化底蘊和用字遣詞的能力，這些都能看出一個女人說話是否有魅力。

叢菲菲現在是一家跨國企業的市場總監，回想自己剛進入這家公司的時候，她感慨頗多。那個時候，剛從美國留學回國的她被推薦去這家公司面試，當時這家公司只應徵5位員工，但應徵的人數卻已經超過50人，他們不是學歷很高的留學生，就是經驗很足的菁英，叢菲菲算是最不起眼的一個，勉強通過了筆試的她，是在眾多進入筆試的選手中最不受重視的一個，而叢菲菲自己也覺得被應徵的可能性不大，但她依舊願意嘗試，想把這次經歷當成一種歷練，於是她積極地準備著接下來的面試。

終於到了最關鍵的一天，公司的高層也到場了，他們要在最終進入面試的10位面試者中選出5位，叢菲菲看著和自己分到一組的那個女孩，漂亮得讓人「氣憤」，但她告訴自己，不要慌，做好自己就好，這又不是選美，無論成敗全當練習，但一定要讓人們看到最好的自己。

當時有一個考試題目是「妳認為怎樣能做好一個市場專員」。叢菲菲娓娓而談：「我認為市場專員的首要標準不是容貌，而是要看她是否具有良好的與客戶溝通的能力以及是否有強烈與客戶溝通的欲望。我希望能夠得到這個機會，因為我知道公司近一段時間以及日後很長一段時間都會將主要精力放在旅遊產品的開發及推廣之上，而我個人非常喜歡旅遊，人與大自然相親相近的快感是無與倫比的，我要把自己的這些感受與我的客戶分享……」

叢菲菲不失幽默感地說了半個多小時，她的語言流暢，神態自若，思維嚴謹，很快就贏得了諸位高層的賞識。人們不再關注她是否長得漂亮，而被她的表現深深吸引住了。

當叢菲菲再次走進公司大門的時候，她已經被公司正式錄用了，對叢菲菲來說，那次的面試改變了她的一生。

從上面的故事中不難看出，對於女人而言，與美麗相比，優雅的談吐、自信的態度、大方的儀態才是更重要的，美麗或許能夠打動別人，但妳身上獨一無二的優雅的氣場卻能夠感染他人，讓對方被妳深深吸引，而妳也會因此擁有更好的舞臺和更大的空間。

其實，想要成為談吐優雅的女人一點都不難。妳首先要做的就是培養自己說話的氣度，這裡所說的氣度絕不僅僅是良好的溝通能力，而是妳反映在話語中的內涵和修養。讓自己說話具有氣度，是增強自己說話魅力的重要途徑。良好的說話氣度，往往具有很大的吸引力。不過值得一提的是，妳千萬不要為了氣度而氣度，這就好比裝出來的可愛不但不會給人一種可愛的感覺，反而讓人覺得做作，妳的個人氣度要因妳的個性、身分以及說話的對象而定，適宜地講究自己的氣度才能有畫龍點睛的作用。

此外，妳在和人交談的時候，還應該注意，千萬不要揭別人的短處，更不要用話語攻擊對方，而要用大方、溫和的語言與人溝通；一定要多站在對方的角度思考問題，要尊重對方，同時也要掌握好談話時的尺度，避免任何可能傷害他人的成分，也不要給任何人傷害自己的機會；談話時，即便對方觸怒妳了，妳也不可以找出對方的缺點喋喋不休，要懂得適可而至。

人的一生都要在社交中度過，話語交流將伴隨著人的一生，優雅的談吐不僅是妳生活的調味劑，也是妳事業的推進器。

貼心提醒

作為女人，妳在和人交談的時候，還應該注意，千萬不要揭別人的短，更不要用話

用妳的「幽默感」，為自己提升人氣

妳是富有幽默感的女人嗎？如果妳的答案是否定或者尚不確定，如果妳想讓自己成為社交達人，那麼就要從現在起鍛鍊自己的幽默感！

所謂幽默，可不單單指妳能夠讓人發笑，會說笑話，或者開一些滑稽的玩笑，而是妳能夠優雅地給人一種精神上的放鬆與愉悅，怎麼樣，聽上去很神奇吧！

很多時候，如果妳能夠讓陌生人對妳產生好感，那妳也可以讓妳周圍的每一個人都對妳產生好感，但當妳真正做到這一切的時候，妳又會發現，妳得到認可，讓所有人對妳產生好感，絕不僅僅是靠和每個人微笑著握手就能辦到的，而常常是因為妳的友善、機智、幽默拉進了妳與那些陌生人的距離，妳先讓他們感到放鬆，然後他們才會放鬆警惕，邀請妳走進他們的生活。

李旭被邀請參加一個非常高級的派對，為了這次派對，李旭兩個月前就開始準備，挑選配飾、首飾，她還親自找來很有名的設計大師為自己設計了一件很漂亮的煙粉色的晚禮服。

終於，一切準備都沒有白費，派對的那個晚上，李旭成了全場最亮麗的女孩，但天有不測風雲，就在派對快結束的時候，一個服務生卻不小心將一杯紅酒灑在了李旭非常漂亮的晚禮服上，所有人都張著嘴巴，有的人等著看李旭憤怒地責怪服務生，有的人則以為李旭會紅著臉帶著哭腔跑進洗手間，然而，他們都錯了，因為李旭只是看了看自己的晚禮服，然後對一直說抱歉的服務生說：「你很有設計天賦，我想我的設計師看我現在的晚禮服一定會大吃一驚，因為你的紅酒灑得實在太有藝術感了！」

李旭的一席話，立刻讓原本緊張的氣氛輕鬆起來，很多人都向她投來了讚賞的眼光，而她依舊是那晚最美麗的、最迷人的派對女郎！

這就是幽默的魔力吧！當妳的生活充滿了幽默後，妳就會驚喜地發現，妳的生活也隨之變成了喜劇。

幽默是一種語言技巧，也是一種愉快向上的生活方式，它能夠給妳帶來愉悅與輕鬆，也能讓妳身邊的人快樂。煩悶的時候，幽默的話語能夠打破沉悶的氣氛，造成活躍氣氛的作用；雙方交流感情的時候，幽默的語言能夠進一步拉近彼此的關係。幽默的語言還能夠提升妳的親和力，讓人願意和妳接觸、交談，恰當的幽默還可以幫妳緩解尷尬的氣氛，使妳獲得更多朋友。

幽默對於女人來說，既是一種交際能力，也是一種很好的保護傘，妳可以在幽默的庇護下盡情「出招」，也可以嚴密「防守」，用幽默的語言反擊對方，也可以巧妙地回絕對方，在這樣的情況下，即便對方很惱火，也無法對妳發火，這樣的妳既能贏回自己的面子，也不會將自己置於「爭鋒相對」的「戰火」之中！

由此可見，幽默的作用真是不小，若妳想在這個充滿「爭鬥」的社會中快樂生活，就一定要學會幽默。每個人都需要幽默，然而真正的幽默感是來自內心的一種態度，是需要長期修練的，那女人應該怎樣修練自己的幽默感呢？

首先，幽默不是譁眾取寵，而是一種內在修養的展現。因此，妳一定要多讀好書，不斷拓寬自己的知識面，讓自己有默可幽。只有累積了豐富的知識，在各種場合與各種人接觸時，妳才會胸有成竹、從容自如。

其次，要不斷培養高尚的情操和樂觀的生活態度。一個心胸狹窄的女人，每天除了嫉妒就是抱怨，絕對沒辦法幽默，也不無法感受到生活中的快樂，因此只有不斷培養高尚的情操，對世事能夠以平常心看待，具有樂觀向上的心態，才能夠將生活中那些惱人的事化繁為簡，用愉快、輕鬆的方式表達出來。

最後，時刻保持一顆年輕的心，適時地「浮想聯翩」。很多時候，浮想聯翩這個詞都是貶義的，它意味著不切實際的空想，但生活在現實中的女人，妳不妨偶爾適時讓自己不切實際一次，保持一顆年輕的心，這樣一來，很多讓妳苦惱的事情可能就會變得很「可愛」同時，妳可以多參加一些社交活動，不斷鍛鍊自己的幽默感，增強自己的社交能力。

當然，妳要知道修練幽默感並非一朝一夕的事情，需要循序漸進，而且妳要相信自己能夠做到。

生活中的幽默感常常是個人知識、修養的一種展現，有幽默感的女性，大多是知識淵博、辯才傑出、思維敏捷的人。她們總是能夠發現生活中那些有趣的事情，懂得開玩笑的分寸，善於因人、因事不同而開不同的玩笑，能令人耳目一新。

如果妳是一個很溫柔、很嫵媚、很有智慧、善交際的女人，那再加上一點可愛的幽默感，妳就更完美啦，沒有一個人能夠拒絕妳這樣的魅力女人，他們都會主動與妳接觸，成為妳的朋友。

貼心提醒

幽默的作用真是不小，若妳想在這個充滿「爭鬥」的社會中快樂生活，就一定要學會幽默。是的，每個人都需要幽默，然而真正的幽默感是來自內心的一種態度，是需要長期的修練的。

說好「讚美」之言

這個世界上有一種語言非常美麗，那就是讚美，聰明的女人會將讚美作為捕獲人心的法寶。可妳知道嗎？讚美其實是一柄雙刃劍，用好了可以讓對方歡心，有助於妳成為社交達人，可用不好，不僅會給人一種過分迎合、討好的假態，還會威脅到自身的社交形象。

讚美雖好，但要真正發揮其作用，必須要適度且找對方向，說到這裡，大家就要問了，那應該怎樣找準方向呢？其實這一點對於各位來說是非常容易的，只需要妳發揮女性特有的細心優勢，盡可能隨時隨地去觀察。用妳的細心、真心誠意，用心留意對方的一舉一動、一言一行……因為這些都是妳讚美對方的素材。

此外，讚美別人也要實事求是，如果妳的讚美之言太過誇張的話，難免給人刻意討好的感覺，尤其是頻率太多後，更會令對方感到麻木甚至厭煩，到那時縱使妳再怎麼「巧舌如簧」也無法造成什麼影響啦！

剛畢業的盛小凡在朋友的推薦下順利地成為一家公司的經理助理，她的頂頭上司，也就是公司的經理，是一位很有氣質的女人，盛小凡第一天出門前，她的母親就不斷地叮囑她，「記得要嘴巴甜點，尤其是妳有個女上司，要討她的歡心，妳的工作會輕鬆很多。」於是，盛小凡謹記於心，從一見經理起，她嘴上就沒停過，就差說什麼仰慕妳的感情如滔滔江水了，不過那位女經理也沒往心裡去，就是覺得盛小凡還年輕，虛心點也好，對她的感覺還是不錯的。但隨後的兩個月，這位女經理對盛小凡的讚美之言到了極盡崩潰的狀態，無論她每天早上穿什麼上班，這個愛讚美的助理都會極力誇讚一番，尤其是在當著客戶談生意的時候，盛小凡的讚美更是讓她感到不舒服甚至有些難堪。有一次，她的一個客戶兼朋友誇讚盛小凡工作能力不錯，盛小凡就說：「沒有啦，我個人的能力很有限，這都是經理培養得好，我的朋友們總問我在公司上班多久了，就能學到這麼多，其實呢？才幾個月，都是經理大度，肯教我嘛，哈哈……」盛小凡依舊滔滔不絕地讚美著經理，卻沒有留意到經理早已黑了一張臉，這樣不合時機的讚美和過於誇張的言辭讓經理很不舒服，也讓在場的人覺得她很做作，不真實！最後，經理實在無法忍耐，將盛小凡調到了行銷部去做業務了。

故事中的盛小凡其實並沒有根本上的過錯，但最終卻被調職，究其原因就出在不恰當的讚美之上。

由此可見，讚美他人的時候，語言一定要自然，且要順勢，切不可刻意為之，更不需要極盡華麗的詞藻。平平常常、發自內心的讚美才能真正打動對方，讓對方感受到妳的真誠，否則只能給對方一種「阿諛奉承」的感覺，反而會弄巧成拙。很多時候，高調誇張的當面讚美，效果往往不及那種含蓄自然的「背後鞠躬」。

例如，盛小凡公司的同事阿蘭，她在和同事一起吃飯的時候，順便說了上司幾句好話：「我覺得我們經理很有氣質，工作能力也強，不僅穿著很有品位，而且上個月的業績報表，又翻倍了，我要是有經理一半的能力，我就滿足死了。」當這樣的話傳到經理的耳朵時，她在辦公室開心了好一陣子，同時也對阿蘭有了新的看法，甚至增添了不少好感，結果可想而知，當盛小凡被降職後，阿蘭自然上位啦……

聰明的妳在讚美別人之前，千萬不要忽略掉周圍的這些小細節，細節成就完美，要讓別人看到妳的用心、真心，只要是真誠的讚美，就不要擔心對方感受不到。

另外，恰當讚美別人還有一種比較可行的方法，就是借他人之口傳達。

很多女人都會有這樣的感覺，覺得不好意思當著對方的面讚美，其實這樣的感覺也同樣適用於被讚美者，她也會因此而感到不好意思，有時讚美不當還會給人以諂媚的感覺，因此，讚美別人的時候，聰明的妳不妨試試借他人之口轉達。比如，當妳想讚美對方的時候，妳可以借用別人的話，採用迂迴的方式表達妳的讚美之意，這樣一來，既能夠化解不必要的尷尬，還可以讓對方輕鬆接受妳的讚美之意哦！

貼心提醒

讚美他人的時候，語言一定要自然，且要順勢，切不可刻意為之，更不需要極盡華麗的詞藻。平平常常、發自內心的讚美才能真正打動對方，讓對方感受到妳的真誠，否則只能給對方一種「阿諛奉承」的感覺，反而會弄巧成拙。

說話掌握分寸很重要

一個女人想要在交際中獲得成功，方法有很多種，但每種方法都要有「分寸」。無論是說話，還是辦事都蘊含著尺度的玄機。看看那些螢幕前活躍的明星們，哪一個不想把話說得很得體、恰到好處呢？因為他們知道，說話的分寸關係著他們的前程。雖然，妳的生活中沒有隨時隨地都會冒出來的「狗仔隊」，也沒有人很較真地反覆研究妳說話的含義，但如果妳想要獲得成功，就必須時刻掌握好自己說話的分寸。

那什麼是說話中的分寸呢？從某種意義上講，分寸與中庸有著類似的意思，不偏不倚剛剛好的話語就是分寸。但事實上，分寸本質的含義卻很深遠，對於現代女性來說，它是指妳有沒有說了不該說的話，是否恰當地表達了自己的意思，有沒有畫蛇添足。

一方面，說話不到位不行，因為說不到位，別人就可能無法明白妳的意思，甚至會產生歧義，同時也會讓妳提出的建議不被重視或接受，非但不利於辦成事，還可能製造不必要的麻煩，常常給人一種妳很弱勢的感覺，無法得到他人的欣賞及好感。

另一方面，妳若是說話過頭，要求太高，就很容易給人一種尖酸刻薄的感覺，讓人聽了非常不舒服，覺得妳這人不識大體，甚至是不知好歹，這樣的妳就會被大部分人「敬而遠之」，也同樣無法獲得他人的好感，沒有辦法與別人開展良好的交際關係。

所以，說話不掌握分寸是不行的，妳說得太木訥，人家不懂，還會笑妳傻；妳說得太透澈，別人又會說妳不懂人情世故；妳說得太幼稚，人家會看不起妳，覺得妳的觀點和想法不成熟；妳要是說得太繁瑣，人家同樣會覺得妳故弄玄虛，不夠真誠……

一個懂得分寸的女人，會把一句很平常的話說得很有感情，十分中聽，讓聽的人覺得很舒服。有一位中學女老師，對此就做得很到位，每一次她叫學生去辦公室的時候，從來不會像其他老師那樣說：「某某某，等一下來我的辦公室一趟」，而是會說：「某某某，下課後我在辦公室等妳。」這樣一來，讓學生聽著很舒服，也不那麼緊張了，處理起問題來也相對容易了。

說話講究分寸對華人而言更為重要，為什麼呢？因為華人講究好人緣，妳人緣好自然好辦事，那妳的人緣靠什麼維護呢？很多時候靠的其實就是嘴上的分寸，一句話說錯了，有可能毀掉一段美好的友誼，一份不錯的工作……一句話說對了，也有可能平步青雲，扶搖直上……聰明的女人，想要在這個社會上幸福生活、快樂工作，就一定要掌握好嘴上的「分寸」！

貼心提醒

對於一個女人而言，說話有分寸能讓別人更容易接納妳、幫助妳、尊重妳並且滿足妳的要求。反之，如果妳說話不講究分寸，想說什麼就說什麼，不考慮別人的感受，那就很可能會讓妳身邊的人討厭妳，試問他們怎麼會幫助一個自己討厭的人呢？

心直口快傷人心—批評他人要委婉

沒有一個人喜歡被批評，也沒有一個人願意自己的隱私被當眾公開，聰明的妳在日常的社交活動中，一定要盡量避免觸及他人的隱私，即便要指出對方的過錯，也要注意方式，盡量委婉地指出對方的過錯，並要「點到為止」，最好在批評之後還能為對方找臺階下。這樣一來，既可以避免對方因此而當眾出醜，也可以增加妳的社交魅力值。

在希爾頓國際酒店中，一位剛剛用完餐的外國客人，順勢將一雙很漂亮的銀質餐筷放進了自己的口袋裡。這一幕被旁邊的服務生看到了，就將這件事情告訴了值班的經理善雅。

當這位客人準備結帳離開時，善雅手裡拿著一個包裝精美的盒子走到外國客人面前，很禮貌地用英文對他說：「先生您好，剛才餐廳的服務生告訴我，您對我們的銀質餐筷非常感興趣，為了答謝您的厚愛，餐廳特地為您準備一雙嶄新的、未使用過的銀質筷子，並且按照酒店的『優惠價格』記在了您剛才的帳上，您看，您滿意嗎？」那位外國客人連連點頭，又趕忙說自己剛才多喝了兩杯紅酒，並說既然酒店準備了未使用過的銀質筷子，那他也沒有必要要使用過的，便從自己的口袋裡拿出了剛才裝進去的筷子，大方地接過善雅手上盒子，說了聲謝謝，便走向收銀臺結帳。

試想一下，如果善雅想讓這位外國客人出糗，那真是太容易了，但她卻沒有這樣做，而是委婉地暗示對方犯了錯。這樣一來，外國客人很感激善雅，也避免了因為爭吵影響其他的客人用餐。事實上，真正懂得語言藝術的人常常都會透過這樣不動聲色的方式，讓對方在認識到自己錯誤的同時，又不會陷入窘境。很多時候，當對方已經陷入窘境的時候，真正會辦事的女人也會想辦法幫助對方挽回面子，這樣一來，對方一定會感激不盡的。

王芳芳是做外貿生意的，有一次她和一位來自日本的客戶談生意，談話期間，日方的翻譯人員翻譯錯了幾個詞彙，而王芳芳這邊的翻譯則做了更正，這讓日本商人覺得很丟臉，當眾就訓斥了翻譯人員，並且說要開除他，會議室的氣氛一下就緊張起來，這時王芳芳卻溫柔地說：「可能是我講得不夠清楚，現在我再講一遍吧，再加上日語和漢語本來就存在一些差異，被翻譯錯也是很正常的事情。」

就這樣，王芳芳把剛才說的話重新一字不差又講了一遍，而這一次，翻譯人員也很正確地翻譯了她的意思。

最後，在慶功酒宴上，王芳芳還特地與那位日本翻譯人員單獨碰杯，讓對方感激不已。

被批評的滋味相信每個人都嘗過，大家都知道不好受，也都不喜歡，尤其是當自己被批評得一點面子都沒有時，甚至會開始記恨批評自己的人。要記住，己所不欲，勿施於人。妳在批評別人的時候，一定要盡量做到委婉並及時為對方準備好臺階，這樣也是給自己留餘地。

那在生活中，大家在批評別人的時候，有哪些地方需要注意呢？

先自我反省再去批評別人

在批評別人過錯的時候，要先自省，以免自己也犯有類似的錯誤，到時候自己在批評別人時候，別人不僅會不服氣，還有可能引起不必要的爭執，且這樣也有助於更好地完善自身。

先找出對方的亮點加以稱讚再批評

在批評別人的時候，先找出對方的優點稱讚一番，然後再提出建議，最後還要說一些鼓勵的話。這種方式會讓被批評者認為妳非常公正，讓他們面對自己的過失不至於喪失自信，面對自己的優點也可以不斷進取。這樣一來，既減少了被批評者的牴觸情緒，還能夠發揮出批評最好的效果。

採用側面批評的方式

很多時候，妳所批評的對象，在批評他之前，他就會對妳說，「我知道，我沒有什麼好的地方。」此時妳可以利用側面批評的方式教育他，比如妳可以說：「你一不偷二不搶，怎麼不好了呢？這樣認為無異於否定了自己，這樣說你的人也是不對的，你應該做好讓大家知道你是很好的。」

這樣一來，既能夠有教育的效果，還能讓批評者反思自己。

先給予肯定再批評

很多時候，妳在批評一個人時候，他也常常會振振有詞，此時妳大可不必直接否定對方的觀點，妳可以先假定對方的觀點正確，然後你們一起進行分析與推理，最後用正確的觀點將錯誤的觀點逐一攻破，這一點尤其適合用於家庭教育中，可以使被批評者心服口服地改正錯誤。

想要讓自己的批評達到預期的效果，就必須講究技巧和方法，同時要注意批評時的措辭，只有這樣，才能發揮其真正的作用！

貼心提醒

被批評的滋味相信每個人都嘗過，也都知道不好受，也都不喜歡，尤其是當自己被批評得一點面子都沒有時，甚至會開始記恨批評自己的人。要記住：己所不欲，勿施於人。妳在批評別人的時候，一定要盡量做到委婉並及時為對方準備好臺階，要知道，這樣也是給自己留餘地。

說好話，找對話題很重要

很多人在現實中都會或多或少有對與陌生人交談的恐懼感，害怕自己與陌生人沒辦法好好聊天，影響自己的形象。究其原因，除了對自己不夠自信外，就是不知道該聊些什麼。

一般來說，與陌生人的第一次交談，可能就決定了你們日後的關係，如果對方覺得妳的談話讓他舒服，那他就有想要和妳進一步接觸的想法，反之，你們的關係可能就到那裡為止了。

那兩個素昧平生的人，該怎樣溝通呢？許多人可能對談論的話題存在著誤解，以為只有那些風趣、幽默或令人震驚的事情才值得談起。其實只要妳稍加留心，身邊的一些小事都可以讓你們雙方談得興高采烈、意猶未盡。

與不太熟悉的人聊天，最好選擇較為輕鬆愉快的話題，這樣可以自然順暢一些。因為聊沉重的話題，大家的心情也會不自覺跟著沉重，而聊一些有爭議性的話題，又可能引起爭議，甚至引發衝突。社交場合應該是可以讓人身心放鬆又感到愉悅的場合，選擇能烘托氣氛的輕鬆話題是最明智的選擇。對方既然不是妳很熟識的朋友，那最好不要一上來就交心，讓大家輕鬆自在是最重要的。

另外，在與不太熟的朋友交談時，要懂得見縫插針，不要放過任何可以說話的機會，適時地「自我表現」，能讓對方充分了解自己。如果能夠在對方的談話內容中找到彼此的共鳴，那你們之間的生疏感很快就會消除。也可以透過某個電視節目、某本書拉近彼此之間的距離。比如，妳看見對方手上有一本書，而且這本書妳也剛好了解，那不妨就從聊這本書開始，不過千萬不要不懂裝懂，免得鬧出笑話，反而會破壞對方對妳的印象。

與不熟識卻想要建立關係的人說話的技巧，除了適合工作上的朋友之外，也適合正處在單戀的妳，在與他溝通的時候，妳可以試著從對方的興趣著手，多談談他感興趣的事情，若是工作上的朋友，則可以從他比較在乎的股票、理財經之類的談起……不同的興趣有不同的切入點，興趣相投的人聚在一起交談，可以激發出話題焦點的「火花」，進而產生情感的共鳴。

趙亞欣和李藝同時看上了——個男孩子，兩個朋友決定不為了此事煩惱，說好各自有一次機會去約那個男孩，誰約到了，另一個人就主動退出。

李藝先找到了男孩，兩個人在路邊聊了幾句，但最後男孩委婉拒絕了李藝週末一起出去玩的提議。李藝悻悻地回來，告訴趙亞欣自己被拒絕了。第二天，趙亞欣也找到了男孩，但出乎意料，男孩卻主動說自己週末有時間，提議一起出去玩。

李藝對此很不解，為什麼和自己去他就沒時間呢？難道是自己沒有魅力嗎？其實不然，問題的關鍵就出在交談中。李藝一見到男孩，就開始不停地介紹自己，讓男孩覺得很有距離感，覺得就算一起出去也會很悶，沒有意思；相反的，趙亞欣則先打聽好了男孩的興趣，投其所好，和男孩大談他感興趣的事情，說到最後，男孩還有一種意猶未盡的感覺，於是就主動約趙亞欣週末一起出來玩。

由此可見，適合的話題是心理溝通，也是想法與情感的交流，不但有利於解決問題、推動工作、發展友誼乃至愛情，而且令人心情愉快。這就需要妳在講話時充分發揮細膩的心，仔細觀察對方，從他的興趣、愛好、個性特點，到他的心情、處境入手，若初次見面妳就能做到這一點，從交談的細微處著手去了解這個人，那妳離社交達人就越來越近囉。其實只要妳善於尋找，就不用煩惱找不到適合的共同話題！

另外值得一提的是，無論與陌生人的交談還是與比較熟悉的人交談，都應該找到適合的話題，切不可像盲人摸象般胡亂談論，隨便找個話題就切入主題，這樣不但不能夠拉近彼此的關係，還很有可能事與願違。

貼心提醒

一般來說，與陌生人的第一次交談，可能就決定了你們日後的關係，因為如果對方覺得妳的談話讓他舒服，那他就有想要和妳進一步接觸的想法，反之，你們的關係可能就到那裡為止了。

與其廢話一堆，不如精煉幾句

有些女人總會犯囉嗦的毛病，一件事情常常要說好幾遍，並強調這是為了突顯其重要性。但事實證明，一件事情妳只說一遍常常讓人印象深刻，說多了反而容易讓人麻木或混淆。

女人們在生活中常常不經意地說太多話，在公司中、家庭裡，她們通常都是滔滔不絕的主角，但當各種各樣的「茶話會」結束後，她們又會遭遇這樣的尷尬，自己早已說得口乾舌燥，可人們對自己的話過耳即忘，甚至根本就沒有聽明白她們在說什麼。

事實上，言不在多，達意則靈，生活中，妳沒有必要為了一件事情反覆地說，說到最後甚至連妳自己都開始搞不清楚自己說過什麼了。能用三言兩語便說清楚的事情，妳又何必浪費水口、添加佐料地長篇大論呢？

有時滔滔不絕、妙語連珠是一種本事，但言語精簡、字字珠璣同樣難得，尤其是在當今這個快速時代，什麼都講究速度，大家都為了自己的事情忙碌不已，誰真的有心情聽妳講完妳的長篇大論呢？

謝小茹是個大四的學生，現在她正為找到一份適合且滿意的實習工作而煩惱，因為她已經在最近的一個月裡面試了5家公司，常常都是筆試順利透過，但面試與主考官交談之後被拒之門外。謝小茹不明白自己究竟哪裡做錯了，起初主考官對自己的印象很好，可為什麼到最後她只能以失敗收場呢？

不甘心的謝小茹在朋友的介紹下，申報了一個為期一個月的大學生面試培訓。因為謝小茹每次都是因為面試沒透過而失敗，為了幫助謝小茹找到面試時出現的問題，那裡的培訓老師特地為謝小茹設了一場面試。剛開始，由培訓老師組成的主考官都很喜歡謝小茹，簡單得體的裝扮，清新可人的外表，但沒過多久，隨著一些慣性問題的提出，謝小茹也由之前的安靜變成了滔滔不絕，別人詢問她的職稱，她就會說很多有用沒用的話，甚至有時還會扯出很多國高中時的事情；而當人詢問她是否有工作經歷的時候，她又是一場長篇大論，基本都可以開個故事會了。原本可以半個小時就結束的面試，她用了近兩個小時，而此時，培訓老師也終於知道謝小茹屢次失敗的原因了。

謝小茹應徵的都是規模比較大的公司，這些公司的主考官們大都是公司的中層管理人員，平日裡非常忙碌，就連面試也要一天見上幾十人，哪個有心情聽她沒完沒了地說一些沒有營養的話呢，即便是最初對她有不錯的印象，在一場「口水四濺」的自我介紹之後，好感也會蕩然無存。因此，培訓老師針對謝小茹這一問題進行了專業的訓練，要求謝小茹盡量以精簡的言辭回答問題，並要懂得顧慮對方的感受，不要一股腦地說個沒完，此外，培訓老師還告訴謝小茹，無論是對於面試還是工作，一定要注意自己的日常說話習慣，先將自己想說的話在大腦中組織好，再生動簡潔地表達出來，只有這樣，她才能在日後的職場生涯中越走越順利。

謝小茹吸取了自己的教訓，兩個月後，臨近畢業的她再一次參加了之前曾被拒絕的一家公司的面試，這次她回答每一個問題的時候力求精簡、生動，贏得了主考官們的好感，再加上學歷、科系與應徵的職位都相符，兩天後，謝小茹就正式上班了！

那作為一個新時代的女性，從現在起精簡妳的言辭吧，用生動的詞藻代替那些冗長、瑣碎的句子，很多時候，說服別人、與人交談，並不在於妳說了多少，而在於對方聽進去多少，而決定對方是否願意聽妳講話的要素除了迷人的微笑之外，就是精煉的語言技巧。下面就為大家具體介紹一下吧。

簡潔明了地表達己意

生活中，很多女人常常為敘述一件事情說很多話，然而最終也未能表達清楚自己的意思，如果妳也有類似的問題，那一定要及時矯正。而矯正的好辦法就是在說話之前先在腦子裡過一遍，然後再要說的東西清楚簡潔地講出來，切忌，說一遍就可以，多說無益。

千萬別說太多重複的詞語或疊詞

漢語博大精深，這一點從妳日常中所說的那些疊詞中就不難看出，疊詞雖然能造成強調的作用，但若運用不當，就會成為妳說話時的累贅。比如很多女人在問問題的時候，都習慣性地多加幾個「怎麼回事，怎麼回事？」其實，一個「怎麼同事」就足以表達自己的情緒，為什麼偏要再加一個呢？還有就是在答應別人的時候，常常會說「嗯嗯嗯」，同樣的道理，一個「嗯」乾淨俐落，那麼多「嗯」反倒會讓人覺得妳不耐煩，有點不樂意的情緒在裡面。如果妳有這個毛病，還是適時改正一下吧！

口頭禪別說起來沒完

生活中，不少女人都有屬於自己的口頭禪，在某種意義上，這是一種能夠彰顯個性的方式，但若在比較正式的交談中，妳使用過多的口頭禪，反而會給人一種不太明朗的感覺，容易讓人對妳產生誤解，比如有些女人總是喜歡在話語前後加上「我認為，絕對的，就是這樣」，而這些口頭禪常常與她要表達的內容毫無關聯，這時口頭禪就會給妳帶來負面影響，甚至會成為別人取笑妳的把柄哦！

貼心提醒

作為一個新時代的女性，從現在起精簡妳的言辭吧，用生動的詞藻代替那些冗長、瑣碎的句子，很多時候，說服別人、與人交談，並不在於妳說了多少，而在於對方聽進去多少，而決定對方是否願意聽妳講話的要素，除了迷人的微笑之外，就是精煉的語言技巧。

第五章 女人善用「宮心計」

時代不同了，女人不再是男人背後的「小綿羊」，而是走上了人生的大舞臺，面對浩瀚的世界，還是一副天真懵懂肯定是行不通的，女人想要幸福的生活，就要善用「心計」。

善用心計，並不是讓妳在背地裡「耍手段」，製造陰謀，而是如何用心經營自己的生活。有「心計」的女人惹人愛，這話一點也不假，因為善用心計的女人，總能把每件事都處理得非常妥當，人們自然都願意和她們相處啦。

要懂得適時「捧」人

有過求人辦事幾經歷的人可能都知道，這求人辦事最難的一點就是一個字，什麼字呢？

「捧」，沒錯，就是這個字，這個字雖然說出來似乎有點虛偽，但妳要是「捧」得真誠、得體、恰當，就能很好地拉近彼此的關係。當然，這「捧」人也是有講究的，可不是毫無目的的「瞎捧」，更不是不知所云的「亂捧」，而要從實際出發，因其所長而定的有內涵的「捧」！

兩個月前，陳峰接到了總公司下派的任務，說要完成美術館的設計，隨後陳峰召集人馬開始進行設計，總公司那邊規定要在30天內完成，但是就在即將要完成的時候，公司的王樂卻將策劃稿中的一頁丟失了，造成了整個計畫推遲了三天才上交，這讓一向辦事非常嚴謹的陳峰感到非常惱火。事後經過調查，發現是當時大家的設計底稿其中一個設計人員記錯了頁碼，但陳峰還是決定開除王樂。

王樂已經在公司工作3年了，他不想就此被辭掉，於是趕忙找到了他的主管袁娟去陳峰那裡求情，袁娟也覺得應該給王樂一個機會，於是她到了陳峰辦公室，袁娟拿著設計好的圖紙看了好一會，然後大聲讚嘆道：「陳經理，您的設計方案真是太出色了，總公司一定會好好獎勵您的，最重要的是，這麼複雜的設計方案，您操作起來竟然這麼有條不紊，員工都完成得非常出色，這可是一般專案不能比擬的。我看您完全沒有必要開除王樂，他也吸取了教訓，沒有必要讓他影響了您的成績不是？」

陳峰聽著袁娟對自己的讚揚，仔細想想覺得也對，於是就收回了辭退王樂的決定。

王樂之所以免於被辭退，原因都在於袁娟的說情，袁娟就事論事「捧」了陳峰一番，讓陳峰覺得很舒心，也覺得王樂並沒犯多大錯，事情自然辦成了。

向雪是一家外貿公司的總經理助理，有一次，總經理利用休閒時間自己研發了一個小發明，竟然意外獲得了城市賽區的一等獎，回到公司後，大家給總經理開了個慶功會，宴會期間，一個部門經理過來對總經理說：「不瞞您說，您選擇從商真是錯了，您看您的才能，您要是投身研究發明，現在早成了科學家了。」

總經理聽了以後，有些不高興地說：「那你的意思是我做經理做得不好，應該早點換個工作嗎？」

本來想拍總經理馬屁的部門經理一聽這話，傻眼了，不知道如何是好，一頓支支吾吾，這時向雪正好進來送水，也恰好聽到，便打圓場地說：「總經理，他是在誇您不僅本職工作做得好，而且多才多藝，是我們學習的榜樣呢！」

總經理一聽這話才哈哈大笑起來。

可見，「捧」人也是需要技巧的，同是在「捧」，不同的方式所產生的結果也不盡相同。

「捧」與奉承不同，「捧」也不是諂媚。一般人在生活中大都只會看到別人的短處，而常常忽視對方的長處，甚至不自覺地放大對方的短處，這樣一來，便會覺得對方根本沒有優點值得妳「捧」，於是就說些不存在的優點奉承對方，這樣一來，只會讓對方覺得虛假、不真實。首先應端正自己的認知，要善於發現周圍人的長處，這樣一來，妳就會驚奇地發現，原來這個人可「捧」的地方好多呢，妳根本不用費盡心思去想那些諂媚詞語、去吹噓那些不存在的事情，就會將對方「捧」得很舒服，對方也會被妳的真誠所打動，當妳需要時，他也會真心幫助妳。

貼心提醒

這「捧」人也是有講究的，可不是毫無目的的「瞎捧」，更不是不知所云的「亂捧」，而要從實際出發，因其所長而定的有內涵的「捧」！

女人要學會讓「貴人」為自己鋪路

女人想要辦成事，除了依靠自身的能力之外，還要懂得借助身邊「貴人」的力量。人們常說，成功源自個人的努力，但事實上那種「愛拚就會贏」的道理，並非百分之百正確，因為很多時候妳會發現自己沒少打拚，卻未能得到自己想要的，並不是妳不夠努力，只是妳欠缺了一點點的機遇，而這些機遇也許就來自妳身邊的那些「貴人」們！

有貴人相助，成功就會變得容易一些。作為女人，一定要在日常生活中善於發現自己的貴人，並積極地博得他們的信任和賞識，讓他們成為妳成功路上的「基石」。

那什麼樣的人才算得上貴人呢？貴人雖有個「貴」字，但卻並非局限在金錢與地位之上，並非只有那些位高權重、知識豐富的人才能成為妳的貴人，那些對妳有所幫助，在工作中能夠提攜妳，妳能在他身上有所收獲的人，都算得上是妳的「貴人」。

《紅樓夢》中有句話說得好：「好風憑藉力，送我上青天」，意思就是說，應該借助貴人的幫助，去完成自己想完成的事情。

對於當代的女人來說，借助貴人來達到自己的目的是非常重要的，尤其現在很多行業，還是以男人為主導的，在這樣的情況下，很多女人要發揮聰明才智，並得到身邊貴人的扶持，才能走出屬於自己的一片天。

事實也證明，很多已經小有成就的女人，在向前奮進的不同階段都有不同的貴人相助。

洛薇今年31歲，現在已經是一家創意公司的負責人，而且還擁有一家獨立的藝術館，洛薇回想自己這8年來的創業經歷，她由一個剛從美術學院畢業的小女孩奮鬥成為現在的小有成就的女強人，她說：「我真的不得不相信，我的一路上是有貴人的！」

畢業初期，她和一個好朋友一起開了一家小型的創意工作室，專門為客戶製作一些小廣告圖和掛圖，這期間，因為沒有名氣，她們鮮少有生意做。後來她認識了一個大她兩屆的學長，這位學長認識很多廣告公司的人，透過這個學長洛薇的工作室得到了很多訂單，工作室的收入也得以維持。隨後，洛薇又透過幾位藝術學院的老師，認識了一些藝術館的負責人，承接了不少布置會館的工作，因為創意不錯，受到不少人的稱讚，而小小的工作室也越做越大，在業內的名氣越來越響，漸漸的很多企業都來找她們做設計，但洛薇並未因此而滿足，因為她發現和她們合作的大都是小型企業，她希望自己的公司可以打入大企業內部。於是她一方面擴大自己的公司，提升自己的品牌影響力；一方面積極參加各種社交活動，爭取結識一些業界人士，結果真的被她遇到了又一個貴人，對方是一家大型公關公司的經理，透過這位經理，洛薇的公司成功與很多大企業合作。

正因為洛薇在自己的人生路上遇到了這幾位貴人，幫助她掃除了創業路上的種種困難，她自己也不失時機地抓住了改變自己命運的機會，她才有了今天的成就。

女人走向成功，很多時候少不了貴人的扶持，但一般能夠幫助妳的貴人大都可能已經功成名就，他不欠妳的，又不是妳的親戚，他為什麼要幫助妳呢？此時，就要看妳的人格魅力，看妳是否具有「拉攏」人心的心計啦！

心計，對於女人而言，無論之於感情還是事業，都是非常重要的。如果說貴人能夠助妳平步青雲，那心計就是妳踏上成功之路的階梯。

有意識地拓寬自己的交際面

不要讓妳的交際圈子僅僅圍繞著幾個好朋友、幾個同事和男友打轉，要積極拓寬妳的人脈，盡量結交一些上層人士，這些都是妳日後可能用得上的資源。

製造機會多參加一些聚會

這裡所說的聚會，可不是三五個好友的聚會，而是指比較高端一點的聚會，也可以理解成各公司的大型聚會或年會，如果妳有這樣的機會，千萬不要錯過，把自己打扮得得體大方，準備一個名片夾，妳就可以出發了，那裡面很有可能就隱藏著妳的貴人哦。

好好保留對方給妳的名片，這些可都是珍貴的人脈資源哦！

好了，就先說這麼多，總之聰明的妳一定要記住一點，妳的成功路上少不了貴人的扶持，有時候借助別人的力量，妳能少走很多彎路。

貼心提醒

女人走向成功，一定少不了貴人的扶持，但一般能夠幫助妳的貴人大都可能已經功成名就，他不欠妳的，又不是妳的親戚，他為什麼要幫助妳呢？此時，就要看妳的人格魅力，看妳是否具有拉攏人心的謀略啦！

由對方的肢體語言洞悉一切

妳知道如何在人際交往中直接了解對方的內心嗎？在你們交情不深的情況下，怎樣才能了解對方呢？對方的喜怒哀樂都隱藏在心底，妳要怎麼做才能知道呢？在與人交往的時候，不妨多留心觀察對方的肢體語言，因為這些常常會洩露對方內心的祕密。

有些人覺得眼睛才是心靈的窗口，所以與人交談的時候，常常把重心放在觀察對方的眼睛之上。事實上，利用身體距離，細心觀察對方的肢體語言，更有助於縮小彼此之間的距離。

當對方站在離妳稍遠的位置，且彼此的視線都是相對的，這說明對方對妳有敬意，也有親近感，認為應該和妳保持目前的關係。

當對方站在離妳稍遠的位置，但目光卻比妳的目光低，則說明對方對妳有恐懼感，沒有親近感，而且想與妳保持疏遠的距離。

當人很高興的時候，一般會大笑、歡呼，甚至還會手舞足蹈。而當人緊張的時候，臉上的肌肉則會抽筋或緊繃繃的，他這時的動作也會很不協調，甚至手腳還會不自然地打冷顫。

在身體的部位中，手是最能表現人內心想法的，人的手勢繁多、含義豐富，在與人交往的過程中，靈活、多變且反映人內心想法的手勢是非常值得注意的，妳能透過對方的手勢，觀察到對方的內心，以便於妳及時調整自己的策略。

手勢除了可以表示再見、過來、回去等意思之外，也能夠表現出對方不耐煩、不滿等肢體語言。

比如，當一個人手指不斷地來回打轉，則表明這個人已經很不耐煩了；而用手托著腦袋，則說明這個人比較老練或機智；雙手合併在一起，成塔尖形，則說明對方很有自信；雙手交纏在一起，則說明對方正處於精神緊張的狀態；攤開雙手，則說明他正在向妳坦白，表示其很真誠；而當他在說話的時候不停地摸自己的鼻子或者臉，則說明他正在說謊；在會議上，我們常常能夠看到一些人邊說話邊做著各種手勢，很多時候，這說明他們正在思考，而手勢的頻率越快，說明他們思考的程度也越高。

此外，在一些武俠片中，我們常常能夠看到身體很強壯的男人對著身邊的人用拳頭擊打手掌或是將手指折響，這樣的人大都對自己的體力非常有信心，希望透過肢體語言恐嚇對方，但當時他內心沒什麼念頭，其實並沒有想出手的意思。

而當妳與對方說話的時候，對方抱著雙肩，則說明對方對妳很提防，甚至準備對妳進行反擊了，如果只是將雙手交叉在胸前，則說明對方很看不起妳。

日常生活中，肢體語言不一而足，只要妳細心觀察，就會發現其中的含義，從而找出適合的「對策」。妳可以從不同的角度去發現一個人內心深處的真實想法。這樣一來，許多不同的面目都會呈現在妳的眼前，妳可以透過這些去判斷哪些人是真心要和妳交流，是值得深交的、可靠的，而哪些人並不值得妳花費精力去建立深厚的感情。這樣妳就能在人際交往中趨利避害、遊刃有餘。

貼心提醒

有些女人覺得眼睛才是心靈的窗口，所以與人交談的時候，常常把重心放在觀察對方的眼睛之上。事實上，利用身體距離，細心觀察對方的肢體語言，更有助於縮小彼此之間的距離。

有「心計」的女人，會誘導對方多說「是」

妳知道聰明的女人之所以能夠一開口，就讓接下來要辦的事情一帆風順，是怎麼做到的嗎？其實很簡單，只要妳用心去誘導對方肯定妳所說的就可以了。

嚴小平是一家保險公司的銷售員，她已經連續三年被評為年度最佳銷售員工，且兩次受到獎勵去法國遊玩，那她究竟是怎樣做到的呢？

看一段她與客戶的談話，妳便會恍然大悟！

嚴小平：「您好，請問您需要哪一種保險？」

客戶：「我就是簡單諮詢一下車險。」

嚴小平：「您的車是什麼樣的呢？是中型轎車還是越野呢？」

客戶：「中型轎車。」

嚴小平：「是家用的對嗎？」

客戶：「是的。」

嚴小平：「您帶著汽車的照片嗎？這樣方便我給您定位推薦保險的種類。」

客戶遞給嚴小平一張照片，嚴小平看到車是亮紅色的，而這位先生穿著商務裝，於是她便又問：「這款汽車保險是幫您太太申請的？」

客戶：「沒錯，她是個新手。」

嚴小平：「那順便問一下，您有孩子嗎？」

客戶：「一個女兒，現在上幼兒園，這個……」

嚴小平：「是這樣的，您知道現在車險的種類非常多，但是與購買單一的車險相比，購買組合保險更划算，您的太太和女兒也經常會乘坐這輛汽車出行，同時購買人險和車險的組合會更划算，而且我看得出來您一定非常愛您的太太和女兒。」

客戶：「呵呵，這倒是，那你們現在的組合險都是什麼？」

嚴小平：「是這樣的，我們這裡現在有一款車險，您購買這款，就附贈一份大人和一份小孩的意外險，不僅很划算，最重要的是安心，您說對吧！」

客戶表示非常贊同！

這段談話雖然看上去平淡無奇，但是嚴小平卻完全讓客戶跟著她的思緒走，最後成功地將自己的保險產品推銷給了客戶。

這種方法是非常值得大家學習的，在尋求他人尤其是陌生人幫忙的時候，對方能否答應妳的要求，是否願意全心全意地幫妳，關鍵看什麼？就是要看妳是否能夠讓對方跟著妳的話題走，成功地「誘導」對方幫妳辦事。

在社交中，誘導的確不失為一種有效的方法，妳就要讓對方回答「是」或是肯定的話題，千萬不要讓對方說出「不」。

心理學家研究顯示，當一個人回答「是」的時候，他的身體和心理都比較放鬆；而當一個人說「不」的時候，無論他的身體還是心理都處於一定的緊張狀態之中，而他下一步要做的很有可能就是拒絕妳。所以，妳在日常與人交談的時候，最好能誘導對方多說「是」，這非常有利於事情的成功。

值得一提的是，當一個人在最開始對一件事情說了「不」以後，無論是處於緊張狀態還是為了維護自己的自尊，他都很難再改口說「是」，即便後來他在心理上已經傾向於妳的想法，他通常也會執拗地堅持己見。

由此可見，在談話時一定要學會循序漸進，一點點地引導對方接受妳的意見，讓對方一步一步「上鉤」，這既是求人辦事的小技巧，也是妳準備尋求大成功的基本原則。

貼心提醒

女人在尋求他人尤其是陌生人幫忙的時候，對方能否答應妳的要求，是否願意全心全意地幫助妳，關鍵看什麼？就是要看妳是否能夠讓對方跟著妳的話題走，成功地「誘導」對方幫妳辦事。

以情相待，不要給對方拒絕的機會

當妳為了某件事求人時，如何才能讓對方像妳一樣著急呢；在妳無法追著對方死纏亂打時，又如何才能讓對方感受到妳的真誠呢，這些都是值得妳去深思與學習的，為了各位能夠更好、更快速地辦成自己的事情，下面就給大家簡單介紹幾種以情相待的方法。

從對方的立場入手

智秀聽說老公的表哥管道很多，於是就打算借助表哥的管道賺點錢，但是剛把自己存了幾年的10萬元交給表哥沒多久，表哥就因為一次交通事故重傷成了植物人。眼看著表哥沒有醒過來的意思，智秀和老公也不知道要如何開口要回來那10萬元。眼看著快兩個月，忍耐不住的智秀便去表哥家看望表哥，之後她和嫂子一起坐在客廳說話，智秀就說：「嫂子，真是想不到表哥好好的現在就這樣了，不過醫生說表哥康復的希望很大，我們都相信表哥一定能好起來，只可惜我們的合作才剛開始，要不這樣吧，表哥那些關係我也不認識，妳就出面繼續做這門生意吧，有什麼需要我和我老公跑腿的事，妳就儘管說。」其實智秀在說這話之前，就對這位嫂子有所了解，她一直對生意沒有興趣也從未經營過，果然，嫂子對智秀說：「妳表哥現在這樣，我哪還有什麼心思做生意，再說我也不會做什麼生意啊，這樣吧，妳還是把錢拿回去吧，也快兩個月了，耽誤你們賺錢真是過意不去！」

智秀一個錢字沒說，最後還是對方說了這事，把錢給了智秀。試想，如果她直接說了要錢的事，會不會讓人覺得她有點無情，只認錢不認人呢？所以智秀將心比心，巧妙地站在對方的立場上說話，那對方自然也會站．在智秀的立場上考慮了，智秀就這樣在不知不覺就要回了自己的錢。

很多時候的確需要當著對方的面把話說清楚，雙方都不好受，這個時候，就需要妳借助一些語言上的技巧，多站在對方的立場著想，誘導對方先開口，這樣一來，事情就容易辦成了。

站在多數人的立場上說話

盛楠的公司年末時，公司決定給每個員工發價值新臺幣2,500元的物品，其中包括水果、肉、油等，作為財會的盛楠就負責統計公司的人數，並計算費用，但是盛楠覺得一來採購上很麻煩，二來也不便於大家攜帶，而同事們也覺得還不如發禮券方便，可以買自己想買的東西。於是盛楠跟總經理反映了大家的意見，她對總經理說：「公司的員工們都問是不是可以將物品換成禮券，這樣很方便，對公司來說，也省去了採購的時間和費用。」

總經理聽著盛楠的話，「大家都是這樣想的嗎？」

「是的，總經理！」

「那好吧，就按照妳說的去辦吧，這樣的確省事不少。」

由此不難看出，在辦事的時候，應該跳出自己的小圈子，站在大多數人的立場上想問題，從多個角度去引起對方的共鳴，這樣更容易達到目的。

站在雙方的角度去想

上司分配給劉洋靜一項非常艱巨的任務，是去一家工廠廠長要一些資料，但是這位廠長和上司有過一些小衝突，因此這資料絕對是不好要的。劉洋靜剛到那個工廠就被保安攔了下來，保安一聽劉洋靜是來自某某公司的，根本不讓她進去，劉洋靜就站在門口等，一個多小時過去了，保安看不過去，就過來對劉洋靜說：「妳回去吧，我們廠長說了，不讓你們進去。」

「你是剛到這間公司就職的嗎？」劉洋靜突然問道。

「嗯，上個月才來的。」保安回答。

「哦，我也是，現在在大城市找份工作真不容易。」

「是啊，我也是找了好久才找到這份工作的，唉……」

「但如果我今天見不到廠長，今天就要失業了，我找這份工作找了快三個月，你就讓我進去吧！」劉洋靜可憐地說道。

「可……是……廠長說過……」保安為難地說著。

「你放心，我不說我是這個公司的，我就讓廠長給份文件，馬上就走可以嗎？」

「那好吧，不過妳千萬別說是我讓妳進去的，不然我也會失業的。」

「放心吧！」劉洋靜說道。

順利進入工廠的劉洋靜，很快就找到了廠長辦公室，廠長一聽劉洋靜來的目的，很快就拒絕了，但是劉洋靜卻沒有走，這時劉洋靜的手機響起來了，是劉洋靜5歲的女兒打來的，說是自己看上了一個洋娃娃很想買，但是劉洋靜在電話這邊說：「寶貝，媽媽在談事情，再說妳喜歡的那個洋娃娃太貴了，而且媽媽今天要是談不成這件事，就要被開除了，那就什麼都買不了了，所以妳乖不要鬧，妳乖乖在家等媽媽好嗎？」劉洋靜雖然說得很小聲，但是廠長也能清楚地聽見，劉洋靜抱歉地掛掉電話後，廠長的表情似乎有些緩和，他問劉洋靜：「妳女兒，多大了？」劉洋靜說：「5歲了，我聽說您也有一個女兒。」就這樣，兩個人便聊了起來，最後廠長決定將資料給劉洋靜，他也看了劉洋靜公司提出的合作條件，覺得還是可行的。

劉洋靜成功的關鍵就在於她站在雙方的共同點上說話，與保安說話時，抓住了「同是天涯淪落人」的共同點，而與廠長說話時，則找出了「都有一個可愛女兒」的共同點，從這兩點出發，引起雙方的共鳴，最終說服對方，達成了自己的目的。

因此，妳在求人辦事的時候，在說話之前一定要仔細考慮清楚，要多從「情」上出發，當妳說的話與對方的情感產生共鳴後，那對方便不會匆忙拒絕妳。妳能夠用真情打動對方，那妳就能辦成自己想要辦的事啦！

貼心提醒

妳在求人辦事的時候，在說話之前一定要仔細考慮清楚，要多從「情」上出發，當妳說的話與對方的情感產生共鳴後，那對方便不會匆忙拒絕妳了。如果妳能夠用真情打動對方，那妳就能辦成自己想要辦的事！

女人最懂得以「禮」服人

想要辦成事，就不得不提到「禮」。這個「禮」不僅是辦事中的一種禮貌的表現，也是提高辦事成功率的有效方法。如果妳不懂禮數，人家即使有想幫妳的心和能幫妳的能力，也會因為妳的自以為是而回絕。

齊佳靜是一個大學剛畢業的女生，一次她接到一家外企公司的面試通知，在興奮之餘，她也非常緊張。面試那天，儘管做了充分的準備，她還是沒能夠表現出自己應有的水準——她實在太緊張了，不僅對主考官提出的問題回答得結結巴巴，而且就連自己之前準備好的英文PPT也說得語無倫次，對面的幾個考官都皺起了眉頭。隨後考官們又隨便詢問了幾個問題，便告訴齊佳靜回家等消息。就在齊佳靜轉身要走的時候，一個中年男人走進辦公室和其中一個主考官耳語了幾句，在臨走的時候，齊佳靜聽到那個主考官小聲說「總裁慢走」。那位男士走過齊佳靜身邊的時候，向她投來了一個鼓勵的眼神，這讓齊佳靜非常感激，隨後她也走出了辦公室。

齊佳靜站在電梯口等電梯，看電梯許久也沒過來，再加上心情不好，就決定走幾層樓梯再說，齊佳靜從16層走到12層，因為有些累，所以決定就在12層的電梯口等電梯，沒一會電梯來了，一打開，她就看到了剛才那位男士，男士也看著齊佳靜，齊佳靜立即走進電梯，很禮貌地對男士說：「總裁您好！」。那位男士先是驚奇地看著齊佳靜，隨後微笑著點點頭，說：「妳是來面試的？」齊佳靜也點點頭禮貌地回答說：「是的，我叫齊佳靜，剛畢業來這麼大的公司面試，所以很緊張。」總裁也笑笑說：「沒關係，這裡的人都很隨和，要是有機會來上班，妳就會知道了。」齊佳靜感激地看著總裁微笑著，電梯到了一層，總裁點點頭往外走，齊佳靜則站在後面對總裁說：「總裁再見，您慢走。」總裁聽著齊佳靜的話轉過身笑了一下，朝大門口走去。

一個星期後，齊佳靜竟然獲得到了這份寶貴的工作。就是因為她對總裁見面時禮貌的稱呼，讓總裁對這個有禮貌的女孩印象很深，於是著重看了她的簡歷，覺得她與公司的要求也很符合，於是就通知人事部錄用了齊佳靜。

齊佳靜憑藉著對人尊敬有禮的態度，為自己贏得了一份不錯的工作。是啊，生活中每個人都應該注重禮儀，無論對方的地位、身分如何，妳都應該客氣、禮貌地待之。

另外，「禮」還有一重意思。有些時候，「禮」也是溝通感情的載體，聰明的妳要學會根據不同的人、不同的事和不同的地方來送「禮」，這也是一種社交禮儀。不管是什麼樣的「禮」，都表示送禮人特有的心意，或表示酬謝，或聯絡感情等。所以在送禮的時候，還要根據自己想要表達的情感有所選擇，一定要讓自己的禮物符合自己要表達的心意，讓對方感覺到妳的禮品是不同尋常的。

那應如何挑選不同的禮物饋贈不同的人呢？

正常情況下，如果妳要送禮給經濟條件較差的人，那最重要的就是實惠，最好選擇一些當下對方急需的東西，切不可對方連電鍋都沒有，妳卻送人家一個按摩浴缸，讓人家沒地方放也沒有心情使用，反倒給人一種彆扭的感覺。

給比較富裕的人送禮，應該以精巧為主，以讓對方感受到妳的心意為最佳。

給戀人、愛人等送禮，應該以有紀念意義為主，讓對方懷念。

給朋友送禮，則可以考慮以趣味性為主，讓對方在收到禮物的時候開懷一笑也不錯。

給老人送禮，則應以實用為主，可以參考一些保健、養生類的禮物……

任何關係都是需要維護的，即便是好友之間也應該多走動，沒事的時候送份薄禮，會讓朋友們感受到他們在妳心中的位置，更加珍惜你們之間的友誼。

貼心提醒

禮，是禮儀、禮數，也是表達心意的禮物。

溫柔是女人最不能忽略的「武器」

人們常說女人是水做的，而男人最難抵禦的便是溫柔的女人，因為溫柔的女人總是柔情似水，讓人抓不住卻又放不下。生活中，如果妳有溫婉儒雅的氣質，有含情脈脈的眼神，那縱使是鋼鐵般的男人到了妳面前也會變成繞指柔，心甘情願為妳服務。這樣的話並不誇張，女人溫柔到了一定程度，便會成為一種力量，而這溫柔便是妳在社交中最有力的武器。當然，溫柔不是發嗲，更不是做作，而是一種發自女人內心深處的魅力，它不是聲色，不是語言，卻包容著女人所有的氣場和力量。

所以，男人們才會在擇偶的時候，這樣說「可以不漂亮，但不能不賢惠，可以不賢惠，但是絕對不能不溫柔。」由此不難看出溫柔二字在男人心中的位置，而這也再一次印證了溫柔對男人的「殺傷力」。

溫柔的女人往往會讓與她在一起相處的人，逐漸深陷下去，最後完全成為她「俘虜」。從現在起，做一個溫柔的女人吧，妳的溫柔將會成為妳成功路上的助力。

也許妳會覺得溫柔有時就是軟弱，不屑於溫柔女人的那份嬌羞與纖弱，但事實上，溫柔卻隱藏著巨大的力量，這力量無法被人忽視，常常如洪水般來勢洶湧，無人可敵。

溫柔的女人是很有女人味的，也是極富魅力的，她們總是能夠那麼輕鬆地以柔克剛、以靜制動，不動聲色卻能取得神奇的效果。

溫柔是女人美麗的外衣，大多女人穿著它，就會在自己的人生路上所向披靡。在現實生活中，很多女性將溫柔運用到職場之中，讓自己的工作在似乎「無路可尋」時卻「豁然開朗」。

曾任伊士曼柯達公司（Eastman Kodak Company）副總的小鶯，熟悉她的人都知道她是一個美麗、性感、感性的智慧女人，她能夠成為全球500強企業的女總裁，依靠的除了過人的才能、智慧之外，還有她那天生的溫柔、柔情。

小鶯說，這個世界上柔情似水絕對是用來形容女人的，而一個聰明的女人絕對是一個能夠善於運用自己溫柔的女人，當她才到柯達的第三天，她便以大中華區副總裁的身分從香港飛往汕頭，加入了柯達公司認為很難解決且已陷入僵局的談判中，並擊中要害，令整個局面柳暗花明，成功達成了「98協議」為自己初到柯達拿下了頭彩。

溫柔讓女人變得善解人意，寬容大度，也讓她們看上去更有人情味，更能了解人們的苦衷與無奈，所以，她們在人生之路上總能走出自己的精彩。這就是溫柔的力量，不需要聲勢，沒有咄咄逼人，甚至無聲無息，但卻強大無比，無人可擋。

對女人來說，溫柔是一種智慧，更是一種個人修養，也是一種高尚的生活境界。女人憑藉著溫柔的力量，可以成為一個賢惠的妻子，一位柔情四溢的母親，也可以成為一個商場中馳騁的女強人，擁有自己深愛的事業。

所以，從今天起，就做一個溫柔的女人吧，讓妳身邊的人感受到妳柔情的力量，讓妳的社交之路、事業之路都越走越順吧！

貼心提醒

溫柔讓女人變得善解人意，寬容大度，也讓她們看上去更有人情味，更能了解到人們的苦衷與無奈，所以，她們在人生之路上總能走出自己的精彩。這就是溫柔的力量，不需要聲勢，沒有咄咄逼人，甚至無聲無息，但卻強大無比，無人可擋。

「心計女」善用「女色」與男人相處

作為女人，妳不妨問問自己與身邊的男人之間的關係如何？這雖然不是決定妳社交和工作能否良好發展的主要因素，卻也的確對其有著一定的影響。無論是生理還是心理上，男人與女人都有著本質的不同，如果妳能夠在與男人溝通的時候，充分發揮女性優勢，發揮自己特有的魅力，那一定能夠「征服」他們，讓他們成為妳成功道路上的「保護神」。

生活中，很多女人與身邊的男人交流不多，關係不鹹不淡，頂多算是認識，她們常常覺得只要自己好好做就行了，自己的成功與身邊的男性朋友、男同事沒有多大的關係，而事實上，一個人的成功除了要憑藉自己的能力之外，還要依靠和諧的人際關係，此時，若妳能夠巧妙地利用自己的「女色」，與身邊的男性們和諧相處，那即便妳不言不語，妳也一定能夠成為他們中最受歡迎的女人，當妳有事的時候，他們都會挺身而出，那樣一來，妳是不是離成功更進一步了呢？

不過值得大家注意的是，「女色」可並非美色，不要想歪哦，這裡可不是讓妳腦袋空空地當個花瓶，憑藉自己的外貌過一輩子，也不是讓妳靠著自己美麗的臉蛋找個男人依靠，而是讓妳善於運用自己的女性魅力，發揮自己的口才魅力和性別優勢，去吸引身邊的異性，並讓他們心甘情願地幫妳達成妳的目標。

下面就要讓我們來看一下，如何發揮自己的「女色」吧！

少發火，多幽默

當妳與身邊男士們發生不愉快或者意見不統一時，先別著急發火，一定要保持風度，保持笑容，甚至可以擺出一副低姿態來化解尷尬的局面。

記住，幾乎所有的男人都是「吃軟不吃硬」的，當妳擺出弱勢的姿態時，他們往往會先軟化，比妳先妥協。

另外，女人一定要有意地培養自己的幽默感，這一點對於妳的人際交往是非常重要的，恰當適時的幽默不但可以化解尷尬的局面，還可以消除雙方的緊張和壓力。尤其是在職場中，男人不免要當著妳的面說一些政治、時事等話題，此時妳可以借助幽默的語言回應那些妳不太了解的話題。

堅持讚美路線，攻破對方的心理防線

沒有人不喜歡讚美之言，對於男人來說，很多時候，同性的一百句讚美也沒有異性的一句讚美有效。有人說，男人之所以發奮努力上進，常常都是因為渴望得到身邊他在意的女人的欣賞與肯定，當妳覺得身邊的男性朋友或男同事，表現突出或做了什麼很棒的事時，不妨多說一些讚美的話，這不僅能夠給對方極大的鼓勵和勇氣，也非常容易突破對方的心理防線，贏得對方的信任與友誼。而且妳對他們的評價越高，他們就會表現得越好，他們對妳也會心存感激，並且會心甘情願地為妳服務、幫助妳，使妳多一份成功的助力。

多問問身邊的男人，告訴他妳需要他的幫助

很多男人都希望自己能夠成為無所不能的勇士，所以他們大都非常樂意解答身邊女性朋友們的問題，並且非常樂意幫助她們完成一些她們沒有辦法做到的事情。聰明的妳不妨針對男人好強的特點，適時地向對方尋求幫助，當妳徵詢他們意見或幫助的時候，他們會覺得自己被妳關注、被妳尊敬，於是會非常樂意幫助妳，給妳提供意見和建議，而此時，他們說的話也常常會對妳很有用。

找到對方感興趣的話題

每個人都有自己感興趣的東西，比如男人大都比較喜歡籃球、足球，也有些男生喜歡衝浪等等，總之，每個人都有一項或多項興趣，會說話的女人在說服別人的過程中，也會懂得恰當迎合對方的興趣。

每個人都希望自己能夠被對方重視，妳想要對方重視妳，喜歡妳，那妳首先就要表現出對對方的重視和喜歡。然後再引起對方的興趣。

一個女人得到身邊男人們的欣賞，對自己的生活大多是有益無害的，當妳遇到困難的時候，他們會熱心地幫妳出謀劃策、跑前跑後，甚至會成為妳平步青雲的助力。

聰明的女人要善於與身邊的男人們交朋友，讓他們對妳產生好感，而可行的方法莫過於找到對方感興趣的話題，一般來說，男人感興趣的話題比較固定，不外乎體育政治或者財經，妳可以在日常無事的時候，對這方面多了解，這樣一來，在屬於男人們的場合，妳也可以偶爾發表一些真知灼見，讓他們對妳刮目相看。

眼淚，物以稀為貴

人們常說，女人的眼淚珍貴。但妳一定要知道，眼淚珍貴是因為稀少，畢竟沒有人總是閒著沒事就流淚吧。所以，想要讓妳的眼淚也成為別人眼中的稀物，妳就一定要控制自己的眼淚，不要有事沒事、大事小事都哭，這樣久而久之，人們的同情就會演變成厭煩，甚至會覺得妳是一個沒有能力、情緒化的女孩，這樣一來，對妳今後的人生定位沒有一點好處。

如果人們覺得妳是一個脆弱的女孩，那很多時候，很多機會都會與妳擦肩而過。作為女人，尤其是一個需要在職場中打拚的現代女人，妳一定不要讓自己的眼淚隨意地流，給人一種軟弱的感覺，不要在外人面前放聲大哭，更不要總是帶著哭腔和妳的男性朋友聊天，那會讓他們感到很不舒服，總是在思考是不是自己做錯了什麼，久而久之，他們就會刻意遠離妳，因為妳給他們帶來了壓力和不快。

貼心提醒

「女色」可並非美色，不要想歪哦，這裡可不是讓妳腦袋空空地當個花瓶，憑藉自己的樣貌過一輩子，也不是讓妳靠著自己美麗的臉蛋找個男人依靠，而是讓妳善於運用自己的女性魅力，發揮自己的口才魅力和性別優勢，去吸引身邊的異性，並讓他們心甘情願地幫妳達成妳的目標。

第六章

巧繪職場「人脈圖」，編織走向成功的「交通網」

常言道，職場如戰場，分分秒秒充斥著「爾虞我詐」，如此一來，一個小女子該怎樣立足於職場，面對職場中的種種問題呢？如何處理職場中多變的人際關係，讓自己遊刃有餘地工作呢？

如果妳一直糾結於這些問題的答案，那現在妳終於可以放鬆一下啦，看看本章節的內容，妳會在字裡行間找到屬於妳的職場「必勝」法則，讓妳在最短的時間內成為辦公室最受歡迎的女職員！

職場曖昧，妳最不能沾的「毒藥」

有一句話：「距離產生美！」這雖然是小品中的笑談，卻不無道理，它也適用於職場中的女人們，是女人在職場中的生存之道。

女人在職場社交中，與同事之間保持一定距離是非常必要的。如果距離太近，就很容易被對方傷害或相互傷害，工作也很難很好地完成；若距離太遠，就會給人一種冷傲的感覺，影響人際關係。因此只有掌握好分寸、保持適當的距離，才能更好地發展自己的事業，才是職場女性的明智之舉。

辦公室的男女關係是個敏感且很難掌控的問題，在這點上，除了要堅守「距離產生美」的原則外，還要考慮到「距離有了美沒了」的事。簡言之，和男同事之間的關係不能太疏遠，若總是一副拒人於千里之外的樣子，難免讓自己成為孤家寡人。當然，也不能過分親密，給彼此的家庭生活和工作帶來不必要的麻煩。

所以應該處理好與男同事之間的關係，除了時刻注意外也要有清楚的認知，從而避免那些被人指指點點的「桃色事件」的發生。在小事上不能姑息那些言詞不檢點的男同事，而且態度一定要明確。如果妳總是軟綿綿且略帶嬌羞地拒絕，反而會讓那些男同事認為妳是半推半就，欲擒故縱。

好多公司的單身男同事喜歡下班後相約去娛樂，等到下班高峰期過了後才回家。如果身為女性的妳被邀請了，妳應該怎麼做才好呢？

奉勸妳盡量少在下班後與男同事去喝酒，除非是妳的「好兄弟」，你們相識很多年，而且對對方知根知底。此外，如果是那些在公司職位很高的男同事邀請妳，而妳又打算借此機會了解一下公司的新動向，多和他們打交道，為自己的事業鋪路，那倒也可以，不過妳一定要注意三點：不要一個人赴約、盡量不要喝酒，如果非要喝的話，一定要根據自己的酒量量力而行、穿著得體、莊重大方，切忌把自己打扮得花枝招展，引起誤會。

很多年輕的女人，喜歡出風頭，甚至以能夠成為別人的焦點而感到光榮，但如果妳已經進入職場，那務必要注意，那種出風頭、周圍盡是崇拜者的日子是絕對不適合職場生活中的妳的，除非妳完全不介意成為女同事們的「眼中釘」或男同事們眼中的「大眾情人」。

但這個世界不存在毫不在乎這些的女人，尤其是對已經有了家庭的年輕女性而言更是如此。因為有了家庭，所以對家庭、對社會甚至是對別人的家庭都有一份無法推卸的責任，這就要求妳在社交場合一定要保持明朗的態度，給人一種落落大方的感覺，不能因為一時的得意忘形而予人口實。要知道，那些捕風捉影的緋聞背後，可是一大串數不清的麻煩事，對妳的職業生涯、家庭生活都可能會帶來無法挽回的負面影響。

在職場中，作為女人的妳，除了要掌握好與男同事之間的關係外，與上司的太太們也需要打好關係，或許妳與他們的太太們只會在一些特定的社交場合才能見到，即便如此，當妳要出席一些公司家屬都會出席的派對時，一定要謹記一點：盡量打扮得得體莊重，切忌標新立異，避免招來不必要的麻煩，也可以藉此機會與太太們多談談，能跟太太們有良好的關係，讓妳在職場上或許會有意想不到的收穫。

與異性同事交往的過程中，過分親密會帶來很多麻煩。所以，為了避免過分親密帶來的危機，妳最好在心理上與男同事保持一定的距離，在經濟上保持獨立，在行為上避嫌。同時又和他們保持友善的關係，這才是聰明女人的明智之舉。

貼心提醒

辦公室的男女關係是個敏感且很難掌控的問題，在這點上，除了要堅持「距離產生美」以外，還要考慮到「距離有了美沒了」的事。簡言之，和男同事之間的關係不能太疏遠，若總是一副拒人於千里之外的樣子，難免讓自己成為孤家寡人。當然，也不能過分親密，給彼此的家庭生活和工作帶來不必要的麻煩。

幫自己的工作鑲上品牌，秀出自己的亮點

職場生涯中存在著這樣一種現象：有一類人辛辛苦苦地工作，幾乎夜夜加班，把所有繁重的工作都承擔起來；但年終得到豐厚報酬、獲得最佳員工殊榮的卻總不是這類人。

在現實生活中，妳屬於哪一類人呢，如果妳恰巧是辛苦工作卻得不到豐厚回報的那一類人，

妳也許會把這樣的結果歸罪於上司有眼無珠，同事明爭暗鬥，但妳有沒有在自身上尋找原因呢？

巧巧和一個老同事一起負責一個專案，老同事很自然地將專案中的文書工作交給了巧巧處理，結果數百頁的數據收集和計算統計讓巧巧的工作進度遠遠地落在了老同事的後面。

職場中很多資深的老員工會將文字性或者統計性的工作交給年輕的同事來做，美其名曰，自己做不來這些精細的工作，實際上是他們心裡明白，這些文書工作是非常費力且不出成績的，與其這樣，他們更願意將眼光放在那些能夠帶來直接效果的工作上。

巧巧後來意識到了問題的嚴重性，知道了自己所要負責的專案職責，得到授權後，她只需要負責專案投標書的文字工作，還把主要精力放在了研究專案的可行性調查之上，而她的搭檔也就是那位老同事則負責技術部的問題和統計類的文字工作。

在職場中，最有說服力的往往並不是妳做了什麼專案，而是妳在這個專案中做出了什麼業績。即便妳才華出眾，工作不辭辛苦，若沒有被上司發現，妳也只能暫時充當一個可有可無的小人物。

趙明涵是大學時候出了名的校園才女，她不但是學生會的幹部，還是多個社團的團長，在校園中的人氣非常高。大學畢業後，在學校的極力推薦下，她去了一家很有名氣的雜誌社實習，誰知道原本在學校被眾人稱讚、讓學校引以為傲的人，到了雜誌社不到兩個月就被辭退了。

原來，雜誌社有個規定，每週五都會舉行一次例會，討論雜誌的新選題和新方向，每次開會的時候，其他員工都積極發言，說出自己的想法，但只有趙明涵一個人安靜地坐在會議的後排，也不吭聲。事實上，趙明涵心裡有很多很好的點子，但是她覺得自己剛剛來到公司，若總是「妄開言論」不免會讓人覺得自己太張揚，影響自己在同事眼中的印象，再者，她覺得自己畢竟沒有什麼經驗，萬一自己的想法不合主編的口味，這無異於洩露自己的缺點一樣。就這樣，她沉默地度過了一個又一個例會，直到有一天人們完全忘記了她的存在，在開會的時候再也沒有人詢問她的意見，或是向她這邊投來目光，當她想到要扭轉這樣的局面，但為時已晚，她已經給人留下一個沒有實力的花瓶印象，最後她因為懼怕展現自己的能力而讓自己失去了工作。

生活中的妳是否也有過類似的經歷呢？會議中，妳的同事總是非常踴躍地發表自己的意見．滔滔不絕，看上去總是那麼自信，做好了充分準備。事實上，他們很有可能並不熟悉那次會議，甚至他們所準備的資料完全沒有妳齊全。但因為妳沒有發表自己的觀點，妳的上司不知道妳的存在，更無法了解妳的專業程度。人們常說沉默是金，但妳也不要忘了，沉默也是埋沒才能的沙土。心理學家還總結了幾種在職場中吃力不討好的人，對照看一下，妳是其中的哪一種呢？

伴娘型：妳的工作並不是不認真，而是妳沒有充分發揮自己的潛能，而妳的處世態度始終像伴娘一樣，不想喧賓奪主，也不想太出風頭，這往往是妳無法成就一番事業的主要原因。

打鳴雞型：妳絕對是每個老闆都渴望的勤快員工，妳有技術也有才能，對待工作又勤勤懇懇，按說妳早就應該有所成就了，但卻依舊還是個小職員，為什麼呢？這可能與妳總是接一些與妳自身能力不相符的工作有關。妳總是低著頭忙著手頭上的工作，卻不去想一想，做這些工作真的有意義嗎？

幕後型：妳工作起來總是任勞任怨，責任心也是無可挑剔的，但問題就在於妳做得再多也沒有人知道，尤其是妳的上司，這就等於白做。別人總是用的妳功勞去邀功，妳內心當然也想得到榮譽、地位和讚賞，但妳卻不知道如何讓人去注意妳，關注妳的成就。要知道這個世界需要的不止是只會埋頭苦幹不懂得變通的人，而是需要既會說又會做的人。

水牛型：妳一般對任何要求都是笑臉相迎，別人找妳幫忙，妳總是會放下本職工作去支援對方，而自己的本職工作怎麼辦呢？那只好另外加班了。妳總是為別人付出很多，卻很少能夠得到對方或者上司的賞識，甚至在妳不知道的背後，她們還會譏諷妳是愚笨的老實人，在任何人面前都不懂說「不」，結果受了委屈也無人問津。

以上幾種影響工作的類型，都有著一個共同點，不知道妳有沒有看出來，那就是，不能抓住自我，表現自我，在心裡缺乏對自己的肯定和認知，便會喪失了很多原本屬於自己的機會。

人們常說，「是金子總會發光」，但與其讓自己的光芒掩埋在沙土中，遙遙無期地等待被看見，不如恰到好處地展示自己的光芒。要知道，再香醇的酒也怕巷子深，女性如果想在職場為自己找到一席之地，除了要努力之外，還要懂得適時推薦自己，把握好機會，大膽地說出自己的看法，展現出自己的優點。

貼心提醒

在職場中，最有說服力的並不是妳做了什麼專案，而是妳在這個專案中做出了什麼業績。即便妳才華出眾，工作不辭辛苦，若沒有被上司發現，妳也只能暫時充當一個可有可無的小人物。

學會為自己的社交圈「織」一張好「網」

什麼樣的女人才能算是社交達人呢？從狹義的一面來說，就是喜歡與別人交流又能讓被人喜歡的女人，這樣的女人才算得上是會做人的聰明女人。無數經驗告訴我們，一般有所成就的女人都很善於交際，最後都會形成一份屬於自己的關係網。

這份「關係網」由各種不同的「人」組成，這其中可能有妳的老朋友，也可能有新知己，這些人可能是男的、女的、年輕的、年長的；可能來自生活中，也可能來自工作中；他們來自不同的行業，也大都有著各自的交際圈……這樣的一個群體便組成了妳的「關係網」，換言之，妳的關係網中應該有各種各樣的朋友，他們能夠在不同的方面為妳提供不同的幫助與支持。

孟曉飛是一個非常細心的女孩子，她天生就喜歡交朋友，在大學的時候，她就結識了非常多的朋友，而且這些朋友中不乏身分顯赫的富家子弟，也正是因為朋友們的幫助，孟曉飛畢業之後並未像其他同屆的女孩一樣辛苦求職，而是輕鬆獲得了一份星級飯店的經理助理的職位，在當助理期間，孟曉飛經常能接觸一些名人和商界名流，每次只要一有機會，孟曉飛就會去拜訪並留好對方的名片，還謙遜地讓對方給自己簽名留言，這樣也加深了對方對孟曉飛的印象。

後來，孟曉飛辭掉了助理的工作，到一家公關公司工作，做起與所學科系相符合的行銷與公關。雖然沒有什麼經驗，但人事部經理卻對孟曉飛談論的與名人和各商界名流合影、留言的事情很感興趣，它們簡直就成了一張張通行證、介紹信，令人事經理對孟曉飛另眼相看，覺得這個女孩與其他應徵者相比不同尋常。再經其他考核，孟曉飛最終勝出，在這家公司，她憑著自己扎實的基礎知識和勤奮認真大顯身手，做出了優秀業績，不到一年她就被晉升為主管。

實際上，對於每一個想要成功或正在追求成功的女人而言，編織一份屬於自己的人際關係網都是非常重要的，這些人際關係其實就是妳的資源，與最初的原始經濟累積一樣重要。

那年輕的女人們就要問了，現實生活中應該如何為自己織一張好的關係網呢？

首先，妳要對妳的關係網中的人員進行篩選，把和妳生活有直接關係或間接關係的人挑選出來，記在一個本子上。接著把和自己沒有多大關係的人記在另一個本子上，在沒事的時候，對與妳有直接關係的人進行盤點，看看哪些最近疏於聯絡，然後馬上「修補」，多交流感情。此外，在辦事之前，就把本子打開，看看上面的人，妳需要找哪些人，這些人有什麼關係，處於什麼階層，妳與他們之間的交情如何，如何借助交情深的人找交情不深的人幫忙，清楚了這些，妳就有了一個比較清楚的「體系」，不會出現不知從哪入手的狀況，成功率也會大大提高。

接下來要做的就是排序，為妳的人際關係網進行一次系統的排序，將對妳最重要的人排在第一位，以此類推，有了這樣的排序，妳就能夠更清楚，哪些關係現在急需維護，哪些需要一般照顧，以便於自己制定出可行性的交際策略，合理安排自己的時間和精力，發揮最好的成效。

人生在世，會有很多朋友，有些人可能成為妳的姐妹淘或閨蜜，但有的人或許只和妳有很短暫的緣分，交朋友是妳情我願的，勉強不來。聰明的女人會採取彈性的做法，不投緣也沒有必要「老死不相往來」，她們完全都可以列入妳的關係網，時不時地關心一下對方，久而久之，這些人都會成為妳成功路上的助力。

另外，建議手上有很多名片的大家買一個筆記本，在每頁貼一個名片，並在名片下面寫上一段關於這個人的資料，這裡所說的資料可不是電話和聯絡方式，而是妳對這個人的基本了解，或你們之間有過的社交事情，以便於有事情找對方幫忙的時候，及時說出你們之間的「交情」，方便喚起對方對妳的記憶，也利於你們見面時尋找談資，有利於妳掌握這個人，更有利於事情的順利進行。

聰明的女人，常常會不斷提升自己的關係網，在這張高品質關係網的幫助下，她往往會「無所不能」。雖然關係網有助於妳辦成事，但是聰明的妳也要經常調整其中的人際關係，因為世事都在變，妳自己也在變，自然關係網也需要隨時調整了！

一般來說，每兩個月調整一下妳的關係網即可，並且在整理關係網時，要多問問自己為什麼要這樣安排，這樣有助於妳不斷完善自己的關係網。聰明的女人大都懂得如何盤點和修補自己的關係網，讓它「永保青春」，所以，妳也應該不斷地和關係網中的人聯絡，加深彼此之間的感情，保持良好的關係，並積極發展新的關係，讓自己的關係網越來越豐富多彩！

貼心提醒

對於每一個想要成功或正在追求成功的女人而言，編織一份屬於自己的人際關係網都是非常重要的，這些人際關係其實就是妳的資源，與最初的原始經濟累積一樣重要。

職場交情，有「交」才有「情」

如果女人想擁有一群靠得住且用得著的「後備軍」，那就一定要注重在平日裡的「交」，保持密切的關係，互相關心、互相愛護，這樣一來，在關鍵的時候，他們才能給妳幫助。

生活中，不少女人都會自豪地說，「我有很多朋友……」但當別人問她們最近聯絡的都有幾個的時候，她們卻常常鴉雀無聲了，再細問她們原因時，不外乎「工作忙」，「關係好，沒有必要經常聯絡」，但當她們閒下來或覺得有必要聯絡的時候，才發現原來親密的朋友卻早已疏遠，原來和自己要好的同事，現在也都成了別人的密友。

和妳的朋友們保持親密的聯絡，讓他們知道妳依然在關心他們，並不需要妳每天花上幾個小時與他們長篇大論，諸如一條簡訊之類的問候即可。

呂婷婷是一個忙碌的咖啡店老闆，她經營著一家雖然不大但卻每天生意不錯的小咖啡店，她的朋友們對她評價都很高，認為她是一個非常重情義的人。呂婷婷雖然工作忙碌，但是她從不會超過一個月不去聯絡她的朋友，每個月的月初，她都會翻看自己的電話本，看看哪些朋友已經一個月沒聯絡了，馬上就給她們發簡訊或者打個電話，很多時候，她會約三五個好友來她的咖啡店喝咖啡，忙的時候也順便當服務生用，朋友們對此也非常樂意這樣做。

和妳的朋友、同事保持聯絡，讓她感受到妳的關心，也並不一定非要和他們共度難關，雖然能夠和朋友一起共度難關也很重要，但我們還是希望朋友們少點難關為好。而在大家都享受著平靜生活的時候，那些平常的小問候就顯得格外重要了。朋友過生日了，妳忙得沒有時間過去，但一份精心準備的禮物和一個祝福的電話，卻足以溫暖她的心；朋友感冒了，一條問候的簡訊或者電話，都能讓對方感受到妳的關心。

很多時候，女人們會糾結上次的電話是誰打給誰的，上一封郵件是誰寫給誰的，事實上，如果妳總是等著別人來主動找妳，那妳就離沒有朋友不遠了！

黃澤欣是一家網站的經理，她平日裡最喜歡的事情就是四處旅行，她在旅行的過程中結識了很多不同國家的朋友，而且她和每一個都保持著比較親密的聯絡，很多人促進了她的事業，而她更是這些人們不可多得的朋友。當她的朋友失業了，她就鼓勵他們，並且介紹他們來自己的公司上班；當她的朋友失戀了，她則會安慰他們，並幫他們拉紅線找到適合的另一半……她給別人的恩惠她從不會記在心上，但別人給予她的恩惠卻時時刻刻掛在她的嘴邊。

有些時候，當妳遇到麻煩的時候，妳明明知道妳身邊有一個人可以幫助妳，但是當妳打算找她幫忙的時候，才想起來，在過去的那段時間裡，妳本有很多時間和他聯絡，但妳卻都沒有。現在，過去這麼久，你們都沒怎麼聯絡，妳想自己現在找她幫忙會不會遭到拒絕呢？會不會給人一種唐突甚至是勢利的感覺呢？在這種情況下，妳便開始後悔自己在之前的日子怎麼就沒想起來要多聯絡一下這位朋友呢？

聰明的大家，為了防止朋友們對妳有「閒時不聯絡，一遇到事情才登門」的現實感覺，不妨現在就開始和他們保持親密的聯絡吧！

貼心提醒

和妳的朋友、同事保持聯絡，讓她感受到妳的關心，並不一定非要和他們共度難關，雖然能夠和朋友一起共度難關也很重要，但我們還是希望朋友們少點難關為好。而在大家都享受著平靜生活的時候，那些平常的小問候就顯得格外重要了。朋友過生日了，妳忙得沒有時間過去，但一份精心準備的禮物和一個祝福的電話，卻足以溫暖她的心：朋友感冒了，一條問候的簡訊或者電話，都能讓對方感受到妳的關心。

想在職場中聚集人氣，就要學會「投桃報李」

自古以來就有一種說法叫做「禮尚往來」，這不僅是一種禮貌的行為，更是做人辦事的一個準則。在現代社會同樣也要懂得「禮尚往來」，如果忽視了「受恩莫忘報」，不會「投桃報李」，就很可能會做出失禮的事情來，給人留下不好的印象，那以後再想讓人幫忙便難上加難了。

李彩樺是一家銷售公司的銷售專員，有一次她為了一個合作專案去見一家貿易公司的經理要一些材料，於是李彩樺找了個時間來到了那家貿易公司，經理的祕書帶李彩樺來到了經理辦公室，那個祕書在出門前，對經理說：「對了，經理，很抱歉，剛才那家禮品店打來電話說，他們沒有那款妳要的限量版娃娃！」經理悶著哦了一聲，李彩樺則納悶地看著經理，心裡想著與娃娃有關的事情，那個經理看到李彩樺的樣子，隨即說：「我的女兒，今年9歲，下週是她的生日，她想要一款限量版的娃娃，但我沒有買到。」說完便將一個圖片遞給李彩樺，李彩樺一看，這不正是自己去年去上海出差時買的那款嗎？不過當時李彩樺只是點點頭，並未出聲，隨後的半個小時，李彩樺向經理說明了來意和需要的資料，但是經理只是偶爾點點頭，並沒有太多的意見，最後她只告訴李彩樺等電話吧。

李彩樺悻悻地回到家中，覺得經理根本就是在敷衍她，等電話只是客氣話。想到這裡，李彩樺趕忙找出自己家中的那款娃娃，心裡想到了一個點子。

兩天後，李彩樺再次來到那家貿易公司，見到經理後，她將那款娃娃交給經理，經理一看眼睛都亮了，說：「就是這個，我正煩惱怎麼跟那我那個調皮的女兒說沒買到呢，真想不到，妳從哪裡買到的，我讓祕書給妳錢！」

李彩樺笑著說：「我一個朋友也喜歡收藏限量版的娃娃，沒關係，就當送您女兒的禮物吧！那沒什麼事，我就先回去了，資料的事，我等您電話。」正當李彩樺準備轉身離開時，經理喊住了她，說：「不必了，我現在就幫妳找吧，正好今天不是很忙。」

接下來的一個小時，這位經理都在幫李彩樺找資料，臨走的時候還不忘對李彩樺說，如果有什麼地方欠缺，儘管打電話過來。

由此可見，別人在幫助妳的同時，可能也希望妳能夠幫助他。如果妳了解對方的這種心理，便可以主動滿足他的願望，這樣一來，他就會很痛快地幫助妳了。

各位對於那些想要幫助妳或者曾經幫助過妳的人，不僅要說謝謝，更要懂得適時感謝對方，讓他們感受到妳的真誠，無論他們幫助妳完成了多麼小的一件事。因為感恩之心不論大小，而是做人的品性！

貼心提醒

別人在幫助妳的同時，可能也希望妳能夠幫助他。如果妳了解對方的這種心理，便可以主動滿足他的願望，這樣一來，他就會很痛快地幫助妳了。

職場「萬人迷」，從提升自身人格魅力開始

一個女人如果沒有人格魅力，自然無法得到別人的喜愛和信任。每個女人都渴望獲得他人的信任、理解和友誼，渴望自己與周圍人的關係和諧融洽，渴望自己辦事能一帆風順。那麼怎樣才能討人喜歡、受人信賴呢？這就會涉及人格魅力問題。

何為人格魅力？人格是指人的個性、氣質、能力等特徵的總和，也指個人的道德品行和人的能力作為權利、義務主體的資格。而人格魅力則是指一個人在個性、氣質、能力、道德品行等方面具有的能吸引人的力量。

在人際交往中，人格魅力是一種力量，能吸引別人向自己靠攏。一個女人能受到別人的歡迎、容納，她實際上就具備了一定的人格魅力。

在現實的生活中，我們時常看到，一些女人似乎格外幸運，她們無論走到哪裡都備受歡迎，而這並不是因為她們更加漂亮或者聰明！只要我們對這些「幸運兒」稍加分析就會發現，她們身上具有某種能吸引人的特質，同時，也正是由於這種特質，她們身上就像有一個奇特的磁場，總是能把別人牢牢地吸引在自己周圍。

人格魅力具有神奇的氣場，能讓一個外表平凡的女子煥發出動人的光彩。在很多場合下，當人們談話陷入僵局之時，這種聰慧的女子都能輕而易舉地使整個局面改觀。也許她們並不美麗，也並不年輕，但她們能將每個人的目光都吸引過來，成為大家追捧的對象。

拿破崙・希爾（Napoleon Hill）指出：「有魅力的女人，人人都愛和她交朋友，和有魅力的人相處總是愉快的。她好像雨天的太陽，能驅逐昏暗。良好的個人魅力是一種神奇的天賦，就連最冷酷、無情的人都能受到她的感染。」

有些女人似乎生來就有與人交往的天性，她們無論對人對己、處世待人、舉手投足與言談行為都很自然得體，毫不費力便能獲得他人的注意和喜愛。可有些人卻沒有這種天賦，他們必須加以努力，才能獲得他人的注意和喜愛。

可見，人格魅力並不全是天生的，也可以靠後天修練得來。要提升自己的人格魅力，首先要與那些有魅力的人交往。通常情況下，我們都會發現，有些人即使與我們偶然相識，只有一面之交，也能引起我們的注意，使我們在不知不覺中便和他們接近，成為朋友。在這個過程中，我們的人格無形中也得到了發展。

其次，在與人交往過程中，最重要的是真誠，只有真誠才能換來對方的信任和喜歡。真誠能為女人增添許多內在的吸引力。

1968年，美國心理學家安德森製作了一張表，列出550個描寫人個性、特質的形容詞。他讓大學生們指出他們所喜歡的特質。研究結果顯示，大學生們評價最高的特質是「真誠」。在8個評價最高的形容詞中，入選有6個（真誠的、誠實的、忠實的、真實的、信得過的和可靠的）與真誠有關。而評價最低的特質是說謊、裝假和不老實。

人的個性是千差萬別的，一方面受遺傳因素的影響，另一方面是生活環境和個人修養使然。可是，這並不意味著一個人對自己個性的塑造就應順其自然。相反，為了提升自己的人格特質，我們應該積極地克服那些對自己不利的個性因素，尋找能為自己的人格魅力加分的良方。

女人的人格魅力同她的智力、受教育程度一樣，與她的前途息息相關。所以，努力提升妳的人格魅力吧，那樣不僅能提升妳的人氣指數，還能使妳擁有不可限量的發展前途。

貼心提醒

在現實的生活中，我們時常看到，一些女人似乎格外幸運，她們無論走到哪裡都備受歡迎，而這並不是因為她們更加漂亮或者聰明！只要我們對這些「幸運兒」稍加分析就會發現，她們身上具有某種能吸引人的特質，同時，也正是由於這種特質，她們身上就像有一個奇特的磁場，總是能把別人牢牢地吸引在自己周圍。

磁極效應——男女搭配，事半功倍

在人類社會中，自古便有異性相吸的說法，這樣的說法尤其適用於男性。一般來說，男性常常會被女性的溫柔、賢淑所打動，從而對女性產生特殊的情感。因此，男性在女性的面前，競爭意識會大大提高，總希望表現出自己的出眾能力，顯示自己的強大和所具有的權威性，這種心理有時是有意識的，但大多數男人均不願承認自己有超越同性取悅女性的心理。

在社交場合，男性常常表現得舉止瀟灑、氣度不凡、才華橫溢，以此來喚起女性的好感；女性也會表現得美麗、溫柔、賢淑、大方，以給男性留下深刻的印象，讓男人從內心深處願意為自己效勞，甚至將幫助自己視為一種榮幸。不論是多麼邋遢的女性，當意識到自己將要與一個男性打交道時，常常會有意無意地打扮一下，如梳個頭髮、拉好衣襟，彈一下身上的灰塵。大多數女性在見面前還要照照鏡子，若看到自己服飾得體，便會信心倍增。

不知道從什麼時候起，流行起了一句話：「男女搭配，事半功倍！」雖然，這話有點笑談的意思，但卻不無道理。心理學家認為，異性之間存在著一種磁場，這種磁場與我們日常所熟知的S級和N級一樣，都是同性相斥，異性相吸。這種磁場所發出的吸引力，常常能夠讓男女雙方迸發出強大的力量，而這種現象在心理學的範疇中被稱之為「磁極效應」。

「磁極效應」給我們日常的工作的確帶來了不少不可忽視的好處：從生理的角度來說，男人與女人在體力上存在著差異，可以互補；從心理上講，女人大都更為細心、更有耐心，也可以與男性互補；而從情感上來說，任何一方都需要異性的關懷與幫助，渴望在異性面前好好表現自己，這無疑能夠激雙方的戰鬥力。

曹宜蘋是公司的公關經理，而剛入公司的時候，她不過是一個小小的外勤人員，可誰能想到，短短的一年時間，她就一下成了公司的公關部經理呢？不過，曹宜蘋的成功絕非偶然，完全是憑藉著出色的業績。

曹宜蘋剛到這家公司的時候，負責一些外派業務，但說來也怪，只要是她跟的單子，幾乎全都能成。隨後的日子，公司一有什麼困難的問題，或是需要和客戶溝通、和廠家協商的事情，曹宜蘋一出馬就能拿下。

有一次，公司因為資金周轉失靈，急需銀行的貸款，但公司的經理都快跑斷腿了也沒能順利解決，結果曹宜蘋去了三四次就解決了，這讓經理大讚她的辦事能力，並在年底的時候，破格提拔她為公關部經理，她的薪水、獎金也是一加再加。

很多同事試著詢問曹宜蘋成功的祕訣，於是發現除了靈敏的大腦、敏捷的口才、豐富的知識和閱歷外，曹宜蘋更善於利用「磁極效應」。

原來，曹宜蘋每每外出聯絡業務的時候，都盡量選擇與男接待或者男上司交談，她氣質嫻熟、落落大方，給人一種親切的感覺，占足了女性優勢，自然能輕鬆地辦成事啦！

韓美善是一家印製集團的設計師，從她剛來這家公司上班直到現在，她所在公司的設計部一直都只有十幾個女生。

韓美善是一個典型的女性工作狂，她待人很隨和，總是有很多的奇思妙想。然而，一向對工作滿懷熱情的她突然感到有些厭煩，白天總是瞌睡不斷，就連以前如泉湧的創意靈感現在也如枯井一般了。

直到有一天，韓美善所在的設計部來了兩個年輕帥氣的年輕人，而經理把其中的一個人分給了韓美善當助理。從此，她負責的專案裡，就有一個男生與她一起工作了，不知道為什韓美善發現只要有男助理在身邊，她工作起來就很有動力，設計靈感也回來了，而且還會莫名地產生一種興奮和欣喜的感覺。

其實在生活中，像韓美善這樣的女生並不在少數，她們一在異性的面前就顯得動力十足，千萬不要以為這是花痴的行為，雖然也有少許這樣的因素存在，但最主要的原因還是「磁極效應」的影響。

生活中，女人的表現欲望其實一點也不比男性低，尤其是現代女性，她們的好勝心也很強，總希望得到異性的讚賞和肯定，因此，會在異性面前好好表現，而這種想要好好表現的欲望則會刺激人們體內的一種物質，引起人的興奮感，讓人充滿動力，工作起來自然更有效啦。

另外，據研究顯示，男人和女人的身上分別會散發出一種獨特的氣味，這種氣味會被身邊的異性所接收，並對他們的行為產生一定的影響。

所以，妳一定不要忽略「磁極效應」的好處，而是要多多加以利用，透過異性相吸的法則來幫助自己更好地完成工作任務，解決工作中的麻煩事。

總之，合理利用「磁極效應」對女人來說有益無害，這會讓她們在精神上得到慰藉，在工作上有所成就，離成功更近一步！

貼心提醒

「磁極效應」給我們日常的工作的確帶來了不少不可忽視的好處：從生理的角度來說，男人與女人在體力上存在著差異，可以互補；從心理上講，女人大都更為細心、更有耐心，也可以與男性互補；而從情感上來說，任何一方都需要異性的關懷與幫助，渴望在異性面前好好表現自己，這無疑能夠激發雙方的戰鬥力。

尊重是妳贏得人心的最佳武器

每一個人，無論他是默默無聞還是身世顯赫，也無論他是文明人還是野蠻人，年輕人還是老年人，無論他是超商店員還是立法委員，都是值得受到尊重的。

想一想，妳在對待他人時，是否做到了尊重、禮貌、友好、誠實、關心和信守諾言。如果妳自命不凡，妳的人際關係必然令人堪憂，因為任何人都不願意和眼高手低、不尊重別人、不負責任的人打交道。

要做到尊重他人，首先必須平等對待每一個人。心理學研究表明，人對於交友和被尊重都有強烈的需求。人們渴望自立，成為家庭和社會中真正的一員，平等與他人進行溝通。如果妳能以平等的立場與人溝通，對方就會覺得受到尊重，從而對妳產生好感；相反的，如果妳自覺高人一等、居高臨下、盛氣凌人地與人溝通，對方就會感到自尊受到了傷害，而拒絕與妳來往。

每個人心中幾乎都有想當重要人物的念頭，一旦別人幫助他實現了或讓他體驗到了這種感覺，他當然會對這個人感激不盡。當他們優於別人時，他們會產生優越感；但是當我們凌駕於他們之上時，他們內心便會感到憤憤不平，有的產生自卑，有的卻記恨在心。所以，我們應該謙虛地對待周圍的人和事物，鼓勵別人暢談他們的成績，不要總是喋喋不休地自誇。

尊重周圍所有的人，妳才會贏得所有人的尊重，建立起良好的人脈關係，一步一步走向成功。

尊重別人當然不是嘴上說說就可以了，必須付諸行動。

學會肯定別人的工作能力

當周圍的人在某一方面做出成績時，應該給予適當的讚揚，而不是對其成就進行有意無意地貶低。即使周圍的人工作能力平庸，也不要貶低他們。否則，不但會使你們的關係惡化，還會引發矛盾，造成不必要的麻煩。

不要擺出一副漠不關心的態度

若冷漠對待別人，別人會以為妳看不起他。如果周圍的人誠懇地向妳徵求意見或訴說苦悶，妳卻表現出一副事不關己、不感興趣的樣子，儘管妳心裡並沒有不尊重對方的意思，但是妳的行為也已經傷了對方的心。

學會寬容他人的過錯

別人一不小心得罪了妳，並再三向妳道歉，妳卻四處抱怨，不依不饒，結果只會導致你們之間的關係越來越疏遠。學會寬容別人的過錯，也是一種尊重他人的表現。

貼心提醒

去尊重周圍所有的人，妳才會贏得所有人的尊重，建立起良好的人脈關係，一步一步走向成功。

第七章

妳拿什麼養活自己

無論妳處在何種年齡段，20歲或30歲；無論妳想成為哪種女人，優雅的、知性的、可愛的……妳都不得不去考慮這樣一件事——時間總是在不經意間溜走，人終會老去，那個時候，妳拿什麼養活自己？

父母會衰老，另一半也不可能陪伴妳一生……人生中充滿著種種變化，妳總要為那個「萬一」的出現做好準備吧！

從現在起，改變原有那些不良消費習慣，學會理財，做一個經濟上獨立的女人，為隨時可能到來的「寒冬」準備「餘糧」吧。

理財第一步，告別月光族

為什麼妳沒有辦法更好地管理妳的資產呢？為什麼月底還沒到，妳就已經成了一個名副其實的月光族了呢？雖然妳有著一大堆的藉口，如：「我發誓我沒怎麼花它就沒了；有太多的生活必需品要買了……」然而真正的原因卻是：「我要去買那件心儀已久的大衣、我得去買個醫美療程、我要買那個包包……」

約15％的女性認為，她們的購物方式並不是以「I need it」為基本準則，而是以「I want it」為購買理由的。很多時候，妳因為一時衝動而購買的大量商品，大都讓妳在第二天就開始後悔了，但後悔已經沒有用，因為妳已經成為月光一族了。

「月光」對於妳而言應該是一件非常可怕的事情，妳不得不節衣縮食辛苦地生活，「月光」會讓妳在表面的風光下失去更多東西，因此克服月光是妳的首要任務。下面就簡單介紹幾種由月光族變財女的方法，供妳借鑑。

開源與節流同步

理財對於任何人來說都不是一蹴可幾的，它需要長時間的累積，需要妳養成良好的習慣。記帳是理財最古老的方法之一，也是最有效的方法之一。理財初期，妳要把自己每日的消費一一記錄下來，如今天都買了什把錢花在了哪些地方……這樣一個月下來，妳就能清楚地看到自己的支出清單，明白妳的錢都到哪裡去了。

看到了自己的一個月的支出記錄，妳也許會大吃一驚，原來那些看似不怎麼起眼的雜誌錢、計程車費、電影票錢等等，加起來竟然有這麼多，現在的妳終於知道自己為什麼就成了月光族了。

知道了自己的錢都花在哪些地方後，妳就可以根據支出做一個比較詳細的用錢計畫，這會讓妳嘗到掌握自己人生的「甜頭」。

此時，妳可以做一張一個月的財務支出表，在表格上分出三部分：固定支出、節制指出和完全節制支出。除了固定開支不能動外，妳可以在節制開支和完全節制開支中減少部分支出，並且把這些錢重新分配，久而久之，妳就會知道怎麼花錢既能享受生活又不至於讓每個月辛苦賺來的錢轉眼間就花光了。

在妳購買衣服或者其他物品的時候，妳不妨做個深呼吸，並弄清楚這件東西究竟是屬於「I need it」還是「I want it」，因為這兩者之間有著明顯的差別，如果是妳必須要買的，那妳可以毫不猶豫地走到收銀臺付款；如果僅僅是妳想要的，那就要考慮一下，現在的妳是否適合支出這筆錢來買這件物品。

王菲菲收到了這個月的銀行帳單，隨後她陷入了沉默，她不敢相信自己的眼睛，她覺得自己什麼都沒買，怎麼可能花了這麼多錢，把衣櫃通通打開，化妝箱也全都敞開，才發現自己的確花了不少錢，卻並沒有買到一些實用的東西，很多東西都是一時興起購買的，就說鞋櫃裡的那三雙鞋子吧，都是上個月買的，但是沒有一雙這個季節能穿。

王菲菲一邊查看帳單，一邊細數著哪些錢是該花的，哪些錢根本就是不該花的，列出的帳單竟然讓她大吸涼氣，帳單中80%的花費都是一時興起或者不合時宜的。

王菲菲一邊感慨自己的消費觀念，一邊下定決心要改善自己這種不良的消費習慣！

心理學家認為，大多數女性都有一個通病，就是在購物時缺乏理性，這一點男人們常常做得很好，他們在購物之前，常常已經在心裡確定好要的東西，並迅速買完離開，不會像女人們一樣，看著這件，又想著那件，最後都買下來後，才發現自己並不需要。作為女人，妳可能總是不要覺得一兩百元的東西，買了就買了，因為省下了這一兩百元妳也做不了什麼。但事實上，妳現在節省下來的一兩百元卻極有可能成為妳日後的幾千元甚至幾萬元。與其花費一兩百元購買一些沒有用處的物品，還不如把錢拿去投資。設想一下，妳花新臺幣五千元買的服飾僅僅是用於向朋友們炫耀，如果妳把五千元省下來放20年變成30萬妳要不要？

僅僅節流只能讓妳維持原有的生活，只有懂得開源，才能讓妳的生活越過越好，懂得投資是過好的生活必不可少的步驟。

基金是比較適合剛接觸投資的妳，因為基金的風險性較小，雖然沒有股票或證券的高利潤，但也可以讓妳在穩中獲得收益。此外，購買基金，並不需要掌握那些複雜的技巧，也不需要花大量的時間計算升降值，非常適合「月光族」的妳進行投資。

妳可以根據自己的實際支出情況，將每個月固定薪水的20%用於定期購買基金，一來相當於做到了強制儲蓄，二來還能夠獲取利潤。如果按照每個月定期定額投資一千元，按照年平均投資回報率8%來計算，時限是20年，那20年後妳將能得到572,660元，這對曾經是月光族的妳來說已經是一筆不小的積蓄了。

要對妳的職業規劃有信心

「月光」有兩種情況，一種是無節制的消費造成的，一種則是收入無法滿足支出造成的。對於前者來說，開源節流就可以幫助妳緩解月光的現象，但是對於後者來說，除了節流之外，就要想辦法賺更多的錢，為自己制定一個職業規劃。

聰明的女人要懂得，良好的知識儲備是妳賺錢的根本。想要得到老闆的賞識，想要自己的薪水不斷上升，妳就必須讓自己成為一個複合型的全面人才。在短時間內提升自己的最好方法就是充電，多看一些有利於妳的書籍，報名參加一些補習班等等。這些投資雖不會馬上收到回報，但是等妳收到回報的時候，妳就會覺得妳所做的一切都是值得的！

學會理性購物

衣服、配飾是妳最常買的東西，打開衣櫃，看看自己還缺少什目前已經有了哪些款式，妳買的每一件衣服都應該能和妳衣櫥裡的衣服搭配，千萬不要因為一時的喜歡而買一件無法搭配的單品，結果為了穿上它，妳還得再花些錢去買能夠與它搭配的衣服。

身為女人，妳一定也鍾愛名牌，細算一下，購買名牌也有一些道理，首先，大品牌的東西品質都非常好，通常都能穿好多年；其次，大品牌的設計樣式，一般不會輕易被淘汰，但買新品絕不划算。一般大品牌在換季的時候都會打折，此時，應是妳上街購物的最佳時期。

不久之後，妳就會發現，妳這樣有計畫地購物，不但節省了不少錢，還讓身邊的朋友們羨慕不已。

自己沒用的東西拿到網路上賣

網絡購物時代已經到了，在網路上開一家小店，非常容易，妳可以將那些妳已經不用的，小家具等東西放到網路上，作為二手物品出售，每件物品的價格便宜些，一定會吸引不少買家前來光顧的，這樣妳不但清理掉了對於妳沒用的物品，還在無形中小賺了一筆，實在是一舉兩得啊！

做好以上幾點，妳就能輕鬆走出「月光一族」！

貼心提醒

理財對於任何人來說都不是一蹴可幾的，它需要長時間的累積，需要妳養成良好的習慣。記帳是理財最古老的方法之一，也是最有效的方法之一。

奔三前後，妳該如何「對待」妳的錢

20歲至40歲這段時間是女人累積財富的最佳時期，也是女性最想擁有財富的時期。20歲的女人常常處在毫無目的的花錢階段，30歲的女人則總是停留在總想擁有很多財富的階段，而40歲以後的女人則往往會後悔過去20年沒有做好理財計畫。

現在的女性大都追求經濟和生活上的獨立，為了不讓自己成為40歲時的悔嘆一族，從現在開始重新審視妳的人生吧，做好理財計畫，那妳擁有「財富」就指日可待了。

下面就為廣大渴望成為「財女」的女性簡單介紹一下女人在不同階段的理財心得吧！

20幾歲的職場「月光族」

20幾歲通常應該正處於單身或準備成立新家庭的階段，大部分女人沒有太多的儲蓄觀念。她們往往奉行這樣的「真理」——拚命地賺錢，努力地花錢。因為常常聽到這個年齡段的女孩說一句話，「賺錢就是為了花的，靠省是省不下錢的。」

雖然錢不是省出來的，可是省出來的錢能夠幫妳賺更多的錢，那又何樂而不為呢？20幾歲的女人應該懂一點投資，慢慢累積財富。

因為20幾歲的女人也應該為自己的終生大事考慮了，該準備結婚儲蓄金了。結婚對於女人來說是一輩子的大事，需要很多開銷，所以定期存款最好占全部收入的五成以上，如果低於五成，就應該把目標鎖定在穩健性的投資工具之上，如購買穩健性的基金產品。

20幾歲的女人要提高自己的「財商」。消費觀念較強，且沒有太多的理財觀念，更缺乏有序的理財投資規劃，因此提高財商勢在必行！

30幾歲的「精緻小婦人」

30幾歲的女人大都擁有者穩定愛情或是已經結婚生子，隨著家庭的組建及家庭成員的增加，女人們開始思考並逐步開始規劃生活。這時，30幾歲的女人不得不改變自己原有的消費觀念，逐步摒棄「月光族」習慣，開始轉向攻守兼備型投資。

女人30幾歲時是理財最為複雜的時期，這個時候，女人不得不將個人理財的一些觀念向著家庭理財過渡。最初，需要進行家庭風險管理，建立風險管理基金，並開始有目的地選擇家庭保險及未來保障型理財產品。

此外，還可以根據家庭收入狀況適當選擇一些收益較高、風險也較大的理財產品。總體來說，家庭的風險管理還是應以保險及銀行定期儲蓄為主，其他理財產品為輔。

30幾歲的女人在面對家庭理財時，要學會「整合」。一般而言，30幾歲的女人大都已經有了一些理財意識及理財基礎。因此處在這個階段的女性應提早進行理財規劃，花些心思在家庭理財大計之上，要善於整合家庭現有資源，進行合理的分配與投資。

30幾歲的妳，一定要認清一點——任何一個家庭的支出都遠大於單身時的消費。聰明的妳必須學會未雨綢繆，提早加入理財的陣營之中，以此來保證高品質的生活。

對於剛結婚不久的女人來說，購房、買車是她們最大的負擔，隨著家庭成員的增加，此時應該適當增加醫療壽險保額。在理財產品的選擇上，可以選擇一些收益較高的基金，例如成長型基金搭配著穩健成長的平衡型基金。

40幾歲的「半邊天女人」

40幾歲的女人大都已為人母，要同時兼顧工作、照顧孩子和老人的諸多責任，承受著較重的心理壓力及經濟壓力。這個階段的女人，通常都能夠收放自如地控制自己及家庭的收支，也比較善於家庭理財，但是依舊缺乏一些綜合性的理財經驗，因此有時會給人一種挖東牆補西牆的感覺。

處在這個年齡段的女人，一定要提前為自己的孩子籌措教育基金，提早認識到教育基金的重要性。在小寶寶兩三歲的時候就為他開一個獨立帳戶，用於教育基金的儲蓄。一般來說，若想教育基金不影響正常的家庭收支，儲蓄年限就至少要在10年以上。每年至少定存新臺幣7萬元，那10年後就是70萬，用這筆錢來支付孩子高中及大學的教育費用，基本上是沒有問題的。剛開始進行教育基金儲蓄的時候，家庭現金支出的壓力可能會明顯增加，而且大部分女性還要供房供車，抵抗風險的能力也相對較弱。因此在這個階段內，投資最好選擇穩健型投資產品，主要兼顧流動性與穩定性。

貼心提醒

30幾歲的妳，一定要認清一點—任何一個家庭的支出都遠大於單身時的消費。聰明的妳必須學會未雨綢繆，提早加入到理財的陣營之中，以此來保證高品質的生活。

學會控制妳的「購買欲」

走進商場，看到櫃檯上琳瑯滿目的商品，女人們的理智便開始一點點「喪失」，她們的手也開始不聽使喚，一個可愛的毛絨玩具、一個獨具個性的手機鏈甚至是一堆根本不需要的陶藝品也能讓女人動心，情不自禁掏出錢包，付帳，帶它們回家。

事實上，這些買回家的東西，大多數都放進櫃子，一年也用不到一兩次。不僅占了空間，還浪費了大量錢財。

瑪麗打算最近搬新家，在整理房間的時候，居然在櫃子的深處翻出了五六個幾乎沒用過的包包，兩雙買了就穿了一次的鞋子，和一些買來就忘記放在那裡的小飾品，大部分物品的商標都沒有撕掉。

找到這些東西的時候，瑪麗驚訝了一番，她根本記不清自己何時購買了這些物品，基本上也沒怎麼使用過它們。其實這些東西大都是瑪麗在逛街時因一時的衝動購買的，有些是因為經不住售貨員的讚美，有些是沒抵禦住商家的折扣，有些則是她自己覺得好，買回來卻又不喜歡的……

這些物品買回來後，那種購物時的衝動及喜悅逐漸消退，瑪麗便開始覺得它們毫無用處，於是便將它們「壓箱子底」了，久而久之，就遺忘了。

正值搬家之際，丟了這些東西實在可惜，但是為了減少搬運的負擔，並節省空間，瑪麗也只好把它們放進垃圾桶裡了。

其實，有著上述經歷的女人不在少數，有些人會不斷地購買各種的圍巾，買完之後，才發現沒有幾條是能夠用得著的，最後不是送人就是變成了擺設。久而久之，就增加了很多不必要的開支。

大部分女人心中都有一個明星夢或是公主夢，可在現實生活中，妳只是一個普普通通的女孩，沒有大把大把的錢可供妳揮霍，所以妳就必須學會控制自己的購買欲望，節省下那些不必要的開支。

購買欲也是一種欲望，欲望是不可能輕易消除的，那愛美又愛財的妳該如何控制購買欲呢？

每個月逛街最多不要超過4次，每次逛街之前都列好清單，要買什根據清單帶上相應金額的錢，如果真的只是想逛逛街、散散心，那為了避免無端消費，妳可以只帶一百塊，這樣即使想買東西也沒錢買。逛街買到自己需要的東西以後，就最好結束逛街之行，因為逛的時間越久，購買欲望就越容易被喚起，很容易造成想買的沒買成，不需要的卻買了一大堆的情況。

逛街的時候，最好叫上兩個以上的姐妹淘一起去，這樣就能有效阻止妳因為店員的「讚美」而意識昏頭買到不適合的衣服了。此時，妳可以多聽聽朋友的建議，假如大家都覺得不錯，那這應該的確是一件不錯的衣服。如果只是店員一人的意思，那妳就要當心了，千萬不要一時耳根軟，最後買回不適合自己或者自己根本不喜歡的衣服壓箱底，白白浪費錢！

以上方法只限於意志力比較強的女性朋友，假如妳的意志力比較薄弱，那妳最好不要和眾多朋友一起去逛街，因為妳很容易經不住商品的誘惑，常常朋友們還沒動心，妳已經付帳裝袋了。

對那些打折、特價的物品。一定要三思而後行，不要一看價錢便宜就盲目搶購。因為這些物品的樣式往往都是些過時的，購買後穿不了幾天妳可能就不想再穿了，實在是得不償失。

不要養成用購物發洩不良心情的習慣，這雖然能夠短暫緩解不良的情緒，但是過後一查帳單，妳可能又會陷入另一種鬱悶情緒之中。

喜歡上一件商品，先不要急於購買，此時妳應該克制住自己急切想購買的念頭，仔細想一下妳是否真的需要這件商品，如果妳的答案是肯定的，那也勸妳再考慮一下，至少應該再逛逛，貨比三家嘛，說不定下一家店的同款商品會更便宜呢。

面對商品的誘惑，年輕的妳，一定要看好自己荷包裡的錢，用好自己每一分錢，千萬不要喜歡什就一時衝動去買什最後把錢花光了，遇到自己真正喜歡的也沒錢買了，然後再借錢購買或是透支消費，這就是一個惡性循環的過程。

聰明的妳，一定要理智控制購買欲，冷靜消費。

貼心提醒

大部分女人心中都有一個明星夢或是公主夢，可在現實生活中，妳只是一個普普通通的女孩，沒有大把大把的錢可供妳揮霍，所以妳就必須學會控制自己的購買欲望，節省下那些不必要的開支。

想成「財女」要趁早

對於30歲左右的年輕女性而言，最大的恐慌是什麼呢？有的人認為是沒有男人可以依靠，有的人認為是沒有貼心的朋友，還有的人認為是沒有錢。那究竟哪一個才是30幾歲女人最害怕並且要及時做好防備的事呢？

對於30幾歲的女人來說，愛情、婚姻是要看緣分的，不是誰單方面就能左右得了的；有沒有貼心朋友，要看妳的個人魅力和情商；沒有錢，卻只能怪妳自己沒有儘早培養理財意識，沒有做好理財規劃。

30歲的女人要懂得為自己今後的生活做打算，比如：美貌不再，可能面臨衰老，要為自己準備一筆美容保養費；倘若還是單身，就要考慮買房子……需要用錢的地方不計其數，為了10年之後日子不再狼狽，女人理財必須趁早。不要覺得現在年輕該是享受的時候，或是覺得現在薪資還不夠多，想等到以後掙大錢了再理財，這樣的想法只會讓女人得不償失。

為什麼說理財越早越好呢？舉個例子來說吧。假設妳今年20歲，那麼妳可以有以下選擇。

20（歲）支出300元／月＝60（歲）時得到將近168萬元（約算投資出去的錢年回報率是10％）

30（歲）支出300元／月＝60（歲）時得到62萬元（同上）

40（歲）支出300元／月＝60（歲）時得到21.7萬元（同上）

50（歲）支出300元／月＝60（歲）時得到6萬元（同上）

看到上面的結果，妳會選擇在哪一年開始妳的理財之旅呢？

也許妳會提出疑問，這個公式是否可靠，怎麼可能會有這麼大的差距呢？答案很簡單，上面的公式中每隔10年就會發生這麼大財富差距的原因就是「時間效應」。時間就是金錢，在這個複利時代，早一年理財，就可能早一年成功轉型為財女。無論妳是否相信，複利效應已經開始蔓延到整個世界，而投資的最大魅力就在於複利的成長。著名的物理學家愛因斯坦曾說過：「複利是世界第八大奇蹟，其威力甚至超過原子彈。」

雖然尚有一部分女性對於「複利效應」的神話保持著一種敬意，也知道讓年回報率永遠做到10%其實並不是件容易的事。但是妳卻無法否定錢生錢所產生的財富將遠高於我們最初的預計。妳無法否定「時間效應」對財富的影響。如果妳還在羨慕別人開著跑車，銀行裡有一大筆存款，那麼妳的差距就在妳羨慕的這段時間裡再一次被拉大。

如果妳想早一點與財富結緣，那就請早一點開始理財吧！不要以沒時間、沒錢、沒經驗、怕麻煩為藉口，因為財富從來只會眷顧那些去做的人。

妳應該如何開始理財呢？其實很簡單，只要妳已經工作，且能夠靠自己的能力獨立生活，那麼妳就可以透過努力賺錢、控制支出來為妳的人生累積第一筆財富。

以錢生錢，打算理財或者已經開始理財的女性一項對這個詞再熟悉不過了，幾乎所有的理財方法裡都會提到以錢生錢。那具體該怎麼做呢？

其實很簡單，當妳的錢儲蓄到一定金額的時候，千萬不要讓它們在存摺裡睡大頭覺，而是應該適時將它們用於投資，購買一些前景較好的理財產品。實際買哪一種理財產品，要以妳個人的資金基礎和風險承受能力來定。

保險是女人生命中最重要的理財工具之一，因為它最原始的目的並不是為了理財，而是為了給妳提供基礎保障。作為女人，尤其是新時代的獨立女性，妳一定要趁早為自己購買保險。與投資股票和基金相比，保險雖處於金字塔的底部，但卻是妳一切理財的基礎。如果妳沒有合理的保險做後盾，那哪天一旦妳自身出了問題，比如失業、疾病……妳的財富金字塔就會轟然倒塌。沒有保險，妳還會成為全家人的負擔，即使家人不說，相信妳也不願意在生病後成為累贅吧！作為新時代的女性，妳一定要做到未雨綢繆，一年花上數萬元，真到有意外的時候，可能就有一份幾十萬的保單來解決困境，何樂而不為呢？

在這個經濟占主導地位的時代，那些在職場中拚殺的小女子們，千萬不要再死心眼地將成為財女的希望單純地寄託在每月的薪水上了。妳必須轉換思維重新考慮這件事。不要總是把理財當成一項計畫，而要馬上行動去實施它。妳可以想像一下，在不遠的將來，妳成了一個遠近聞名的理財達人，妳擁有傲人的財富，妳過著輕鬆的生活，妳享受著優雅別緻的人生，妳睡覺的時候恐怕都會開心得笑出聲來……為了這一天早日到來，現在妳就要行動了！

貼心提醒

如果妳想早一點與財富結緣，那就請早一點開始理財吧！不要以沒時間、沒錢、沒經驗、怕麻煩為藉口，因為財富從來只會眷顧那些去做的人。

幸福與理財的關係

女人不想甘於平凡、貧窮，想要獲得幸福的人生，就必須積極讓自己參與到家庭的各項理財計畫之中，而不能抱著結了婚就有了靠山的念頭，忽略了理財的重要性。作為女人的妳，必須要為自己打造屬於自己的幸福存摺，提早為自己的幸福做好保障。

在為自己制定計畫之初，妳首先要清楚地知道幸福對妳的意義。

首先，妳要知道妳的幸福是什麼？是幸福的家庭、漂亮的房子、豪華的車還是亮麗的衣著……

其次，妳要明白自己心中幸福的可行性，畢竟有些幸福只能在夢中實現。

再次，妳要明白妳的幸福的價值，即妳實現幸福需要多少錢，比如買房子、買車、買漂亮的衣服等，並計算出這些錢的金額。

最後，算一算妳心中的幸福能夠維持多長時間，比如房子可能會讓妳滿足20年，但漂亮的衣服只能讓妳滿足一個季度。

仔細地思考以上這些問題，能夠幫助妳認清自己心中的幸福，為妳的幸福定義，只有知道自己心中的幸福需要多少本錢，才能很好地落實於實踐。

當然，想要過上幸福的生活，思考這些問題遠遠不夠，還需要妳不斷學習，穩定自己的經濟基礎，掌握理財的方法，從一點一滴開始，積少成多，只有這樣，妳才能夠成為一個幸福的女人。假如，妳希望在妳50歲時不再為柴米油鹽醬醋茶而煩惱，且每個月至少有兩萬元的收入，如果妳能活到70歲，不考慮經濟膨脹、危機等因素，想要過上這樣的生活，妳就必須保證自己手頭上至少五百萬。而如果妳心血來潮，想到巴黎住上半年，或是移民去某個小島安享晚年，妳就必須要清楚妳需要在存摺上存多少錢，才能真正實現妳的夢想，享受妳的生活。

對於花錢無度的女人來說，最好的儲蓄方法莫過於強制儲蓄，而強制儲蓄中最好的方法就是「零存整取」、「定期定額」買保險。每個月一發薪水就拿出一部分或是乾脆設置自動轉存，存入一個固定帳戶，持之以恆下去，多年以後，妳一定會為妳的存款大吃一驚！

當然，不同個性的女人有著不同的存錢方式。

如果妳是保守型女人的話，那麼妳可以選擇購買一些儲蓄險、定存或者投資債券基金。以最簡單的保單來看，30歲左右的女性如果每個月存下手頭上的五千元，10年後就是60萬元，即使在這10年遇到了什麼突發事件，也會有60萬的保障。

想想看，妳從30歲開始存錢，到40歲時便至少有60萬的存款，那如果妳從20歲就開始存錢呢？就算只是存些閒錢，算一算，妳能存下多少？五千元對於20歲以上的女人來說，可能就是幾場電影，幾件衣服，幾頓飯或者是幾次聚會的花費……但只要妳願意將這些錢節省下來，這些閒錢就可以成為妳未來人生的經濟保障與幸福基礎。

如果妳是衝動型的女人，妳很有可能在不經意間花掉很多錢，那最適合妳的投資方法就是雙線投資，即將一部分錢用於購買保險或是定存，另一部分錢則用於短線投資，比如購買成長型基金或股票等，這樣不僅不會影響日常所需，也不至於讓妳的錢在一夕間花光！

大多數女性手邊都有多達四五家銀行的存摺或是信用卡，但通常只有一兩張裡面是有存款的，這樣長期沒有存款，那些空帳戶就會被凍結，到時候就成了毫無用處的廢卡。此外，當妳的存款不足新臺幣五千元時，部分銀行是不會給妳計算利息的。

因此，會理財的女人是不會讓自己辛苦賺來的錢到處「流浪」的，她們會時刻整合自己的帳戶，做好個人收支管理，只有這樣，才能將存摺或者信用卡上的支取記錄轉變成為帳戶理財的訊息。

此外，目前幾乎所有的銀行都有電子帳單功能，以方便客戶及時查詢自己的收支狀況，更加方便、清晰地了解自己的資金動向。想要成為理財達人，妳就一定要充分了解自己在投資、儲蓄與消費上的比例，只有這樣，妳才能打造一本真正屬於妳的幸福存摺。

女人要有錢，不僅僅是為了享受生活，也不是為了名牌包包、大牌服裝，而是為了找回自我。只有懂得理財，才不至於淪為金錢的「奴隸」，才可以自己掌握生活，當然，錢不是妳追求的最終目的，因此，絕對不要為了有錢就不顧一切。只有這樣，妳的存摺才是自由的，幸福人生才是妳的。

貼心提醒

女人不想甘於平凡、貧窮，想要獲得幸福的人生，就必須積極讓自己參與到家庭的各項理財計畫之中，而不能抱著結了婚就有了靠山的念頭，忽略理財的重要性。作為女人的妳，必須要為自己打造屬於自己的幸福存摺，提早為自己的幸福做好保障。

留足「過冬」的糧食比什麼都重要

很多女性朋友對金融風暴沒有實際的感受，因為沒有實際的投資炒股計畫，總是覺得金融風暴離自己很遙遠。但忽然間，房價、物價都發生了變化、身邊失業的朋友越來越多，這才發現，金融風暴原來影響著人們日常生活中的方方面面。

面對這樣的情況，大部分女性可能會手足無措，因為她們沒有為自己留足「過冬的糧食」。世界瞬息萬變，就算現在金融風暴已經漸漸遠去，誰還敢鋪張浪費地花錢呢？除非具有以下兩點，一是妳真的很有錢，這輩子無論妳怎麼揮霍口袋裡始終有足夠的錢；二是妳真的很有膽、很瀟灑，即使已經沒米下鍋了，也能毫不在乎地透支刷卡買奢侈品。然而，擁有無限量財富的人在少數，且巨額的財富也都是靠一點一滴的努力累積而成的，他們通常不會無端揮霍；大多數窮人也不會靠透支生活。因此，對於已經工作或是已經成婚甚至有了孩子的妳來說，真是到了該提早準備「過冬」餘糧的時候了。

無論儲蓄是否能夠幫助妳創造財富神話，妳都要為自己或者是家庭儲備一部分錢，這部分錢並不需要太多，但至少在經濟不景氣的情況下得能夠維持你們一年的基礎生活費用，不算額外消費的錢，每天按一百元計算，假如妳尚沒有自己的房產，那再算上房租，每月八千元，那麼一個月就是11,000元，一年大約就是13萬元。也就是說，為了能夠應變突然地意外，如失業或者經濟危機，妳的帳戶裡面至少有13萬元。否則，當真正遇到變故的時候，妳就只能喝西北風了。

聰明的女人，通常知道理財的重要性，懂得要適時為自己留下餘糧「過冬」，靠持續的魔力以不變應萬變！

而很多年輕女性，她們常常會忽視銀行的原始意義——儲蓄，而是將太多的注意力放在了信用卡或者簽帳金融卡上。她們總是習慣性地把錢投資到各個領域，一邊期望高回報，一邊用手上的餘錢進行高消費，但真正能夠應急的錢卻少之又少，有時甚至會身無分文，每當出現緊急情況時，就傻眼了。

想做一個聰明的理財達人，就一定要為自己存下一定數目的錢，一來減少了無故消費讓大量現金流失的機率，二來也可以積少成多，使小錢變大錢，以備不時之耐，這難道不是明智之舉嗎？

生活中，也有很多女性知道儲蓄的重要性，但她們之所以還沒有一張擁有一定金額的儲蓄卡，往往不是因為她們「無心」，而是因為「無力」。日常生活的瑣碎花費、房貸（房租）、購物消費、娛樂……幾乎占據了女性收入的全部，試問還有什麼錢能夠用來儲蓄呢？

經常在網路上、報紙上看到這樣的訊息——女人因為一場失敗的婚姻或是一場重病失去所有的東西。很多時候，這些故事裡的主角並不是沒有足夠的承擔能力，而是因為事發突然，她們根本沒來得及做準備。生活在現代社會的女性，除了要為自己的愛情、婚姻買單，而要為自己的健康買單，所以，想要更好地生活，妳就必須要為自己準備好餘糧。

那女性朋友具體應該怎樣做呢？

大部分人的收入與消費方式基本是成正比的，收入高的女性，因為職場、社交等因素，一般花費會多一點；而收入較低的女性，根據其自身的收支平衡，花費自然也就少一點。假如妳是每個月收入 28k 的職場新人，那妳可以按照以下的儲蓄模式來規劃自己的收入。

職場新人大都沒有自己的房產，因此，大部分人屬於租房階段，此時，妳的房租可以控制在 5,000 ~ 8,000 元之間（建議廣大職場新人可以與幾個不錯的朋友合住，這樣既省錢又可以相互照應）；水電費大概為 300 ~ 500 元；生活基礎費用可以控制在 5,000 元（中餐吃公司、晚餐自己回家做、出門只坐公共交通工具、衣服可以選擇網購，且每個月用於服裝的消費不要超過 2,000 元，若有重大的派對，則另當別論），這樣下來，妳每個月生活支出基本為 14,500 元，那妳還剩下 10,750 元，此時，妳應拿出 6,000 元用於固定金額的儲蓄，剩下的 4750 元則應用於為自己購買保單。

保單是女性另一項基礎保障投資，目前適合女性購買的保險品種主要有：意外保險、醫療保險、養老保險、財產保全險等。

現在的社會，變化萬千，女性朋友除了存一筆錢以備不時之需外，也要未雨綢繆，為自己購買生活保障——保險。尤其是於對剛入職場的女性而言，一年頂多能存兩三萬元，這兩三萬元只能緩解一些小麻煩，而當真的遇到了一些重大事件，如重大疾病、事故等，需要大量資金周轉的時候，便又會為難，假如妳辦理了保險，事情就會容易解決了。

當妳還年輕的時候，當妳的生活尚處於風平浪靜的時候，在妳的事業穩健發展的時候，妳必須要為自己準備「餘糧」過「冬」，只有準備了「餘糧」，妳才不會在「大雪封山」之時，手忙腳亂，無計可施。

貼心提醒

很多年輕女性，她們常常會忽視銀行的原始意義—儲蓄，而是將太多的注意力放在了信用卡或者簽帳金融卡上。她們總是習慣性地把錢投資到各個領域，一邊期望高回報，一邊用手上的餘錢進行高消費，但真正能夠應急的錢卻少之又少，有時甚至會身無分文，每當出現緊急情況時，就傻眼了。

會賺錢更要會理財

在年輕的女性群體中，也不乏這樣一群人，她們有著較高的學歷、較高的薪水或較高的賺錢本領。這她們就有一部分人覺得完全沒有必要理財，節流還不如開源。她們在日常生活中也絕對不會做月光族，她們通常懂得如何量入而出，過得還算好，且每年年底還能剩一點零用錢。

這樣的生活方式，看上去也無大礙，不用費心去理財，錢也夠花，但這種隨性地對待錢財的態度看似悠閒自在，實際上卻潛伏著「安全」隱患，在女人還沒有遇到不可預期的風險之前，她們尚可以過得優雅、自在。一旦遇到問題，她們就會為這種「閒適與自由」付出代價。

今年27歲的王珂，在一家房地產公司擔任客戶主管，年薪加分紅在新臺幣80萬以上。這在年齡相仿的朋友中已經算是不錯的收入了，王珂看著銀行裡的存款數目一個月比一個月多，很是得意，覺得周圍的女人今天聊保險、選基金，明天又炒股票，簡直是在浪費時間。自己的收入不算低，放在銀行裡，既安全又省心，沒有什麼不好的。所以王珂從來不會和其他女人一樣去參加什麼理財諮詢課程，同事們都紛紛購買商業保險，她也從來不參與。

然而天有不測風雲，在一次出遊時，王珂出了意外傷到腰椎，需要去國外進行手術治療，術後還要臥床幾個月，這下光是出國的手術費、住院費、生活費就要數十萬元，而王珂的所有存款也不過10萬元而已，雖然公司有幫員工購買團體保險，但也不夠支付她所有的費用，無奈之下王珂只好向身邊的好朋友借，東拼西湊總算是把救命的錢給拿出來了。

現在的王珂是追悔莫及，她悔恨自己沒有未雨綢繆，本來只要花幾千元買個保險就能解決的事，結果弄成現在這個樣子，不但將自己以前的儲蓄花了個精光，還做起了「負翁」。王珂從這事上長了記性，出院沒多久就報名參加了一個理財輔導課，她從最基礎的保險及基金理財學起，決心為自己規劃一個穩定的未來。

現實生活中，許多白領女性由於工作壓力較大，很少有時間顧及理財。常常是把錢往帳戶裡一存，就以為是「萬事大吉」了。而實際上，在理財觀念、理財產品、理財渠道如此普及、如此豐富、如此發達的今天，這種把錢放在銀行裡任其「自生自滅」的方式，其實是十分不明智的，甚至是愚蠢的。

所以，對會賺錢的女性而言，理財也是至關重要的。

即使在目前，妳的收入已經足夠高，暫時不必為生計問題擔憂，但是要知道，隨著時間的推移，妳可能會面臨買房、買車、結婚、養育孩子之類的事情，面對如此龐大的支出，如果不早做打算、不提前規劃，到用錢時怎麼辦？做啃老族？跟朋友借？要知道，伸手要錢的日子可是不好過哦！

再比如某天妳或者妳身邊的親人像王珂一樣，不幸患上了重病或受了傷，需要大量金錢來治療時，妳又該怎麼辦？

其實，所有這一切不可預期的意外也是可以發生在妳的意料之內的，只要妳在日常生活中時刻保持風險意識，做到未雨綢繆，那遇到問題時可能就會是另一種結果。

對於會賺錢的女性而言，理財的主要目的並不是「增加收入」而是「平衡」，即實現財務的平衡。理財的首要目標就是保持財務平衡，這種平衡也是女性邁向財務獨立的第一步。

想要平衡理財與賺錢之間的關係，首先就要做到個人理財內容上的平衡。

眾所周知，個人理財的內容一般包括：住房計畫、汽車計畫、子女教育計畫、保險計畫、養老計畫等。妳可以將自己的個人理財計畫、理財目標一一羅列出來，之後將這些計畫與妳的實際收入進行對比，刪減那些不切實際的計畫或對一些過於「遠大」的目標進行調整，找出它們之間的平衡點。當確定好自己的理財計畫後，妳還要將這些計畫細化，比如，每月需要存入多少錢，每年需要達到多少投資收益等。

其次，財務結構上的平衡。女性的理財活動應該建立在有穩定收入的前提下。理財必然會涉及投資，但投資不代表理財，使資產增值是女人理財的重要目的之一，但與增值相比，女人更應該懂得如何整理、規避、控制投資時出現的風險及債務問題。想要做到財務結構平衡先要清楚地知道自己的風險承受能力，根據自己的風險承受能力，妳可以選擇以下幾種不同形態的投資模式：保守型（風險較小，穩定性較強，收益也不多，僅比儲蓄的收益高一點）；中庸型（風險較保守型投資大，收益也相對高一些）；進取型（高風險、高利潤，主要投資方向是股票及房地產，選擇進取型的女人要有一筆金額不小的固定資產，以便於穩定投資中的風險性）。

最後，理財時間上的平衡。女性在理財的過程中可以現根據自己的目標將理財時間分別定為短期目標（1年左右）、中期目標（3~5年）、長期目標（5年以上）。想實現自己規劃的目標，就要求做到理財時間的平衡。

時間上的平衡主要是指平衡當下與未來的消費。目前，女人們經常使用的經濟決策主要有幾下幾種：將現在的錢留到未來花，叫「養生有道」；現在花未來的錢，叫「貸款人生」；現在的錢現在花，明天的錢明天用，叫「目光短淺」。

一般情況下，妳可以根據自己的現有資產，先制定出符合自己現狀的短期目標，因為短期目標容易實現，對於剛理財的女性來說，也比較容易完成，能夠增加初涉理財女性的自信心，以便她們更好地投入到長期目標之中。

生活中，妳是一個才女、美女還不夠，想做一個獨立自主、充滿魅力的現代女性，妳還得讓自己成為一個「財女」。妳不僅要懂得如何賺更多的錢，還要懂得如何管理妳賺來的錢，學會投資，為自己計劃一個安全美好的未來。從現在開始，將那些存在大腦中的理財誤區一一剔除，把自己修練成一個獨立自主的新時代財女吧！

貼心提醒

對於會賺錢的女性而言，理財的主要目的並不是「增加收入」而是「平衡」，即實現財務的平衡。理財的首要目標就是保持財務平衡，這種平衡也是女性邁向財務獨立的第一步。

擺脫「卡奴」其實很容易

年輕的女人無法管理好自己的財產，多半是因為：一上街就「瘋狂」購物，花錢沒有節制，並且以此為「榮」，認為購物是緩解壓力的最好辦法，即使荷包裡的錢少得可憐，也會用信用卡購買一件對她而言價格不菲的東西。

這樣的女人絕對是名副其實的信用卡一族，當然如果她每次都能輕輕鬆鬆地在免息期內全額繳清欠款，那真的要恭喜她，因為她是一個能充分利用信用卡的刷卡一族！但如果她每個月只能負擔得起最低還款額，並且在還款的同時還邊還邊刷，那她並不是在「用」信用卡，而是被信用卡給「奴役」了！

怎樣才能擺脫「卡奴」，成為金錢的主人呢？

女人們一定要知道，想要消費不吃虧，每個月都能在消費的同時存下「餘糧」，最重要的一步就是做好信用卡管理。

消費之後切記保留收據

呂林是快樂的單身一族，她每個月收入約新臺幣3萬元，住在親戚閒置的房子內，每個月至少省下了8千元的房租。但是，毫無節制地消費，卻是呂林的致命傷。每個月辛辛苦苦賺來的錢都用在刷卡消費上了，由於每次買完心儀的東西后，她都沒有留下刷卡收據的習慣，也基本不上網查詢最近的帳單明細，所以大多時候，連她自己都不知道自己一個月究竟刷了多少錢，常常是收到帳單時，才驚訝不止，只好把自己戶頭省下的全部錢都用於還信用卡了。

妳是不是也會在收到信用卡帳單後，覺得茫然若失，想不起自己何時花了這麼多錢？還是像呂林一樣一邊刷卡一邊將簽過名的收據隨手一丟呢？熱衷於購物的妳在使用信用卡之前，一定要先做好支出管理，「理債」比「理財」還重要！

妳應該養成每月對帳的習慣，這就要求妳每次刷卡之後都要將收據保存好，月底拿出來統一對帳，這樣妳就能清楚地知道這個月妳已經刷了多少錢，並根據妳的經濟狀況及時做調整。

此外，如果妳刷卡只是為了單純的消費，每次都能在還款期限內結清帳單，不用支付循環利息，那信用卡對妳來說應該是一個不錯的理財工具。但如果妳是因為缺錢，或者沒錢卻想購物而刷卡，那妳很快就會掉入負債的漩渦當中。

錢包裡別裝太多信用卡

徐靜最早是一家外貿公司的客戶專員，她個人總共有62張信用卡，把所有的信用卡放在一起，足足有10公分厚。更讓人難以置信的是，徐靜那個時候累記欠下各個銀行的信用卡債務多達一百五十多萬元。

不過，聰明的徐靜就沒有就此「沉淪」下去，而是及時還清了自己所欠的債務，並將自己的經歷寫成了一部書，賺了不少版稅和人氣，現在的徐靜已經是一家很有名氣的理財公司的理財顧問了。

妳的錢包裡有多少張信用卡呢？不想做信用卡的「奴隸」，就要從減少沒必要的持卡張數做起，最好只留下一兩張信用卡，這樣能夠有效地減少胡亂消費的機率。同時，將自己的全部開支集中到一到兩張卡上，也方便月底對自己的消費進行總結，更好地了解自己的收支狀態及消費狀態，這樣才能有效理財。

學會每月對帳助妳「翻身做主人」

林嵐在美國電影學院讀大三，但是大學三年來，她的室友每個月都能聽到她大叫一次，第一年，當她尖叫的時候，她的室友們總會跑過來關切地詢問發生了什麼事情。林嵐則每次都是指著床上一大堆的帳單大喊：「怎麼會有這麼多？不可能有這麼多啊！」

為了不讓自己步林嵐的後塵，妳每個月收到帳單以後，都應該拿出點時間，整理帳單上的支出明細，分析自己當月的消費狀態，審視自己花的哪些錢是沒有必要的。如果收到的帳單數目讓妳無法承受，那下個月開始，妳就必須要調整自己的消費方式，有節制地消費了。

養成整理帳單的習慣對刷卡一族來說尤為重要，熱衷消費的年輕女人千萬不要為了享一時之快，等帳單一來，才開始愁眉苦臉。有計畫地消費，不但能夠讓妳充分享受到購物的樂趣，也不至於讓妳每月辛辛苦苦賺來的錢都丟水裡。

不要低估了信用卡帳單的作用，它往往能夠透露出非常多有關妳最近的財務訊息，比如：支出情況、繳費還款的多少、積分點數兌換等等。養成每月對帳單的習慣，可以在每月的帳單中清楚地知道個人的消費記錄，妳也可以登陸信用卡的網路銀行，查看電子帳單。

聰明的妳應懂得如何避免信用卡年費的支出，大多數銀行發行的信用卡都會推出一年刷夠六次就免年費的政策。此外，妳還應了解一點妳所持信用卡的銀行「紅利積點」的方式。這樣妳不但能輕鬆享受信用卡消費帶來的便利與樂趣，還能「享受」一些意外的「福利」，試試看，三個月下來，保妳至少能存下一個月的薪水哦！

接下來就為刷卡一族的大家介紹幾個簡單玩轉信用卡的點子吧！

假日購物巧刷卡，省錢賺積分

節慶假日一到，主要發卡銀行都會推出各種各樣的刷卡優惠、折扣、贈品及抽獎。在這時候刷卡消費，不僅能夠得到雙積分，還有機會獲贈精美禮品。

節慶假日外出購物，隨身攜帶著信用卡，一定會有不小的驚喜哦！

境外消費首選信用卡，輕鬆免除手續費

很多人都遇到過境外旅遊時兌換貨幣麻煩及現金攜帶受阻的情況。如果妳有信用卡，現在就該是它發揮作用的時候了。境外刷卡不僅免去了以上兩種麻煩事，而且刷信用卡就可以免去以上兩種麻煩，在刷卡時以當地幣值結算，會收取較低的手續費，除此之外許多銀行針對海外刷卡會提供不同%數的回饋，出門玩之餘還能不無小補。

充分利用信用卡的電子帳單，暢享輕鬆理財生活

如上文所述，合理使用信用卡是現在理財生活中不可或缺的一部分。妳可以根據定期查看信用卡電子帳單來分析自己最近一段時間的資金流量，透過審視自己的支出，制定出合理的消費計畫。此外，信用卡還能夠為妳提供更多的流動性資金，以便於妳更好地調集現有的資金，方便妳儲蓄帳戶獲取更多的利息收入或是將流動資金用於合理的投資。

貼心提醒

不想做信用卡的「奴隸」，就要從減少沒必要的持卡張數做起，最好只留下一兩張信用卡，這樣能夠有效地減少胡亂消費的機率。同時，將自己的全部開支集中到一兩張卡上，也方便月底對自己的消費進行總結，更好地了解自己的收支狀態及消費狀態，這樣才能有效理財。

第八章

上得廳堂、下得廚房的優雅女人

感情和婚姻是女人一生中最重要的內容，這話一點也不誇張，結了婚的女人，所做的一切幾乎都是為了擁有美滿幸福的家庭。實際生活中，婚姻的組成並非只有女人自己，還有那個讓她們深愛的男人，這個時候，想要生活幸福，就必須做一個招他喜歡惹他愛的女人。

美滿家庭離不開「甜言蜜語」

一天到晚總能聽到朋友們這樣的抱怨，「結婚了，平淡了，現在的感情生活一點激情都沒有，老公除了上班、下班、吃飯，幾乎和自己沒什麼話，一點情趣和浪漫都沒有了，以前吧，過個情人節可能還會收到花，現在呢？根本沒有情人節，因為人家說我們現在是家人，不是情人啦，還過什麼情人節啦！」

女人無論結婚多久，她們心裡的那點浪漫情懷也不會枯萎，她們還是渴望心愛的老公能夠像之前那般送一束玫瑰，說著「我愛妳」。但朋友們，你們有這樣的想法，那你們的老公呢？有沒有想過他們的想法，他們是否也渴望妳像當初一般小鳥依人，也對他撒嬌著說一聲「我愛妳」呢？答案是肯定的，只不過大部分男人都不會表現出來，因為他們如果向自己的妻子袒露自己的心聲，很可能會招來嘲笑，但如果細心的妳能夠體會到他們這些感受，並適當地給予，那妳的他一定會更加愛妳，也會給妳更多妳想要的浪漫哦。要知道，婚姻的甜蜜和浪漫是需要雙方共同去創造的。

大部分女人都認為，自己應該是被愛護的，也是應該被甜言蜜語和浪漫包圍的。很多時候，女人們都在抱怨自己的丈夫忽略了自己的感受，不知道向自己示愛，但同樣的道理，這些女人也常常忽略了向她們的丈夫示愛，讚揚她們的丈夫。雖然在感情的世界中，沒有規定誰多做誰少做，也沒有什麼公平，但妳也必須清楚地知道，妳在索取的時候，要先問問自己是否付出了，聰明的女人常常不會伸手去要什她們大都會只給予她們的丈夫關愛，而隨後她們便可輕而易舉地得到她們想要的一切。

事實上，感情生活的確如此，當女人們在抱怨自己丈夫不愛自己的同時，男人們也在抱怨妻子不如從前，不同的是，女人們說了出來，而男人們卻放在心裡。作為女人，妳要知道，男人和妳沒有不一樣，他們同樣需要情感的慰藉，很多時候，他們的「苦咖啡」中也需要妳加一塊甜蜜的「方糖」來中和。

婚姻生活雖然常常圍繞著家庭瑣碎．有時充滿了枯燥與乏味，但如果聰明的妳學會一些表達愛意的小技巧，妳的生活就會多一些激情和浪漫。

莫娜結婚了，關心她的朋友們經常打電話來詢問她過得好不好，幸福不幸福，每當朋友們這樣問的時候，莫娜都會開心地說：「真的沒想到，他對我這麼好，家事每天都搶著做，而且他做的飯菜也越來越好吃，經常變換菜色，有時間你們也過來，嘗嘗他的手藝，絕對不比餐廳的差哦。而且當我晚上需要加班時，無論多晚多累，他都會為我做一份愛心宵夜……」但事實上呢？莫娜的老公只會做最簡單的炒雞蛋，做家事也常常是迫於無奈才回去，但是每次當他聽到自己的老婆在外人面前誇獎自己、晒恩愛的時候，他心裡都決定要好好做，就這樣，莫娜的老公開始學做菜，家事也越來越上手，久而久之，真成了莫娜說得那般好的「模範丈夫」了。

試問，哪個男人能夠拒絕心愛女人撒著嬌說的那些充滿愛意的話語呢？所以，聰明的妳從現在起，不要再對著自己的老公說那些冷冰冰的話，也不要總是抱怨他不夠愛妳，而要換一種心態，多對他說一些甜言蜜語，說出妳對他的愛，要知道，這可是維持婚姻熱度、維繫彼此感情的最好方法。

歐陽小羽晚飯前和丈夫因為一點小事吵了起來，兩個人互不相讓，最後丈夫摔門而去，歐陽小羽一個人坐在桌子前，看著滿桌子的菜，覺得自己何必為了那麼點小事就吵呢，最後破壞了大好的週末，想到這裡，歐陽小羽決定給老公打個電話，電話一通，歐陽小羽就溫柔地說：「老公，妳在哪呢？快回來吧，飯菜我都熱好了，等妳回來我們一起吃吧！」電話那邊的老公一聽，心理頓時溫暖起來，剛剛那些氣瞬間就消失了，而原本打算住幾天飯店的念頭也消失了。

故事中本來吵得很凶的一對夫妻，最後因為妻子一句關愛的話語而和好如初，話語雖短，但卻流露出了妻子對丈夫的關心，讓丈夫心生暖意，怨氣全無。

其實，無論是對熱戀中男女而言，還是對婚姻中的夫妻而言，表達愛意的話何時說都不算多餘，也不算晚，它是平淡生活中的漣漪，能夠帶給妳意想不到的驚喜。所以，朋友們千萬不要忽略掉一點，最終在抱怨中度過平淡的生活，甚至因為抱怨而導致彼此的感情陷入危機。很多時候，妳一句簡簡單單的「我想妳」就能夠讓彼此倍感溫暖，讓你們的生活多些色彩。

男人們又不是「鐵石心腸」，只要不失時機地用甜言蜜語溫暖一下他，讓他感受到妳對他的愛與關心，那他也一定會更加愛妳的！

貼心提醒

作為女人，妳要知道，男人和妳沒有不一樣，他們同樣需要情感的慰藉，很多時候，他們的「苦咖啡」中也需要妳加一塊甜蜜的「方糖」來中和。

把「強大」留給丈夫，做依偎他的小鳥

有這樣一個故事：說北風和東風比威力，看誰能先把路上行人的衣服吹下來，比賽開始了，北風首先吹了一陣寒冷刺骨的狂風，但暴風過後，行人把衣服裹得更緊了；東風與北風不同，沒有用力吹，而是選擇用徐徐的微風，緩緩地吹著行人，頓時風和日麗，行人因為覺得春意盎然，解開了大衣的扣子，又過了一會，他直接脫掉了自己的大衣。溫和的東風戰勝了狂暴的北風。這個故事的寓意也同樣適用於婚姻生活，告訴女人們，溫柔才是她們的「必殺技」。

男人都喜歡溫柔的女人，外表越是堅強的他們就越需要身邊的女人能柔情似水，柔聲細語。溫柔有著神奇的力量，它可以化解男人緊張的情緒，舒緩他們的壓力，讓他們感到舒服。

女人打動男人其實很簡單，有時只是輕輕的一個吻；有時只是一次溫柔的撫摸，就能讓他在心底產生共鳴；有時只是一句關切的話語，就可以消除他的疲憊之意。

男人喜歡溫柔的女人，喜歡找一個溫柔的女人做妻子，每天回家，身邊有一個溫柔的嬌妻會讓他們有一種如沐春風的感覺。而那些不懂得溫柔的女人，則往往只能眼睜睜地看著自己的老公越來越疏遠自己，甚至看著婚姻一點點出現裂痕。

做一個溫柔的女人吧，在忙碌了一天的老公回家之後，溫柔體貼地和他說話，那即便他的心情再不好，也會變得輕鬆起來，那些白日裡在公司所遭遇的不快甚至是煩心事，也會隨即煙消雲散。如果女人總是在自己的老公面前擺出一副厲害又慵懶的樣子，他一回到家中，就遭遇妳劈頭蓋臉的一頓抱怨，就算他心情很好，也會頓時心生怨氣，時間長了，也會給妳的婚姻生活帶來危機。

女人要知道，男人的柔情不是鐵打的，它們也會一點點消失於妳的氣急敗壞或是大聲喝斥之下。再成熟、堅強的男人，也需要被關愛、被照顧。男人也是需要「哄」的，只要懂得適時地關心一下他們，愛護一下他們，讓他們感受到妳的溫暖，他們就會心甘情願地做一個居家好男人。

由此可見，一個女人如果想長久地抓住一個男人的心，就要學著做一個溫柔體貼的女人。有句話說得很好，「溫柔要留給最愛的人！」的確，妳不對心愛的人溫柔還能對誰溫柔呢？對另一半多一點溫柔，再冷峻的他也能被「軟化」，在妳溫柔體貼的攻勢下，他會心甘情願為妳付出所有。

誠然，溫柔之於女人是非常重要的，但掌握好溫柔的分寸和技巧同樣很重要。實際生活中，不少個性急躁的女人也想變溫柔，但有時她們會因為表達不善而溫柔得有些做作。

是啊，溫柔可不僅僅是壓低聲音說話那麼簡單，它還表現在身體的每一個部分。一項心理實驗發現，一個女人向外界傳達某種訊息時，她的語言影響力只占11％，而體態影響力則高達62％。這說明了一個問題：如果妳想表達自己的溫柔，可以借助表達自己情緒的小動作來完成，比如，愛撫、牽手等。

此外，聰明的女人還應該認清一點，溫柔與發嗲、肉麻可不是一回事，發嗲難免給人一種做作的感覺，不真實，而溫柔則是一種發自內心的情感，是來自女性的人格魅力，是女人獨具的力量。

女人的溫柔不是流於表面的造作，它包含著很多深刻的東西，是女人生命的精髓。簡言之，溫柔詮釋的是女人的善意，是女人的美，也是女人的媚，溫柔也是被男人們所渴望的一種美好。

學著做一個溫柔的女人吧！讓愛妳的他掉入妳的溫柔鄉，此生不願再離開，而妳也必將會收獲屬於自己的幸福人生！

貼心提醒

溫柔有著神奇的力量，它可以化解男人緊張的情緒，舒緩他們的壓力，讓他們感到舒服。試問一個能帶給男人如此享受的女人，怎能不惹人疼愛呢？

美滿的婚姻也需要「呼吸」

生活中總有這樣一部分女人，在她們眼裡婚姻其實就是「1+1=1」。而事實證明，這樣的想法完全是「荒謬」的，兩個在婚前擁有不同社交圈子、不同個性、不同背景的人，因為相愛走到一起，但無論雙方多愛彼此，兩個獨立的人也不可能完全融為一體。

任何一對相愛的夫妻之間，必不可免要有點自己的空間，可能是獨立的社交圈，也可能是幾個異性好友，這些獨立的空間對於男人來說是格外重要的。然而，對於大多數女人而言，家庭常常就是「天」，家庭中的孩子和丈夫往往是最重要的，是任何人無法比的，包括她們的姐妹淘，甚至是父母姐妹，她們習慣躲在自己的愛巢裡，漸漸的，與昔日的姐妹淘等越來越疏遠。可能因為自己這種「完全隔絕」的做法，女人們也常常以此來要求自己的丈夫：丈夫的「哥們」也就算了，偶爾一起玩一玩能睜一隻眼閉一隻眼，若丈夫依然與自己的異性朋友保持著聯絡，那她們就會把異性朋友當成自己的假想敵，看到丈夫接異性朋友的電話，或和異性朋友外出吃飯，心裡就會很不舒服，無名火也就熊熊地燃燒起來了。

其實，女人是完全沒有必要這樣做，人生值得我們去體驗的事情數不勝數，每個人都有屬於自己的圈子，也必須要有自己的圈子，與其這樣毫無根據地吃醋，和自己為難，不如和丈夫的異性朋友打成一片來得好點。

男女之間的感情總是那麼難以捉摸，有時候像細浪，有時候像颶風，但無論何種感情、何種美滿的婚姻，也都需要有「呼吸」的空間。義大利的心理學研究所的一項心理研究顯示：即便是感情基礎很堅實的夫妻之間，也必不可免地會發生週期性愛情休眠期。這時最好的解決辦法就是什麼都不要做，不要質問對方，懷疑對方，更不要心生怨恨，抱怨不休，而是給彼此一點空間和時間，去進行自我調整。一旦這個週期過去，妳會發現，你們的感情比原來更好了，而此時，你們也將進入又一個甜蜜期。

婚姻生活中，每個人都需要一點空間，一點心靈上的空間，給彼此呼吸的機會，給感情一點留鮮的餘地。

羅偉和妻子結婚9年了，最近，他感覺自己對婚姻生活有點力不從心，再加上公司也出現了很多事情，他被壓力壓得有些喘不過氣來。本以為回到家就可以休息，但妻子卻總是喋喋不休地詢問他在公司的狀況、有沒有和別的女人約會等，這讓羅偉感到非常無奈而且煩躁。

為了讓自己清靜，隨後的一段日子，羅偉下班後都不先回家，而是找了個地方放鬆心情，但這很快就引起了他妻子的懷疑，為了證實丈夫究竟去做什麼，妻子就在羅偉下班後去跟蹤他。

他的妻子本以為，她會看到羅偉開車去與某個情婦約會，但沒想到他卻一個人開車去了海邊，她遠遠地看著他，看見他從車子裡走出來，然後躺在沙灘旁邊的躺椅上，躺了很長一段時間，她還從海灘管理員那裡得知羅偉最近他每天都會來，來了之後不是一個人靜靜地躺著就是坐著。

那一刻，他的妻子突然意識到自己每天對羅偉喋喋不休地詢問這詢問那是多麼可笑。於是，第二天，她主動打電話給羅偉，讓他晚上記得回家吃飯。到了晚上，羅偉很早就回來了，而這次他的妻子沒有像往日那般說個不停，問個不停，只是將他平日最愛吃的飯菜端上桌子，然後安靜地和他吃起來。

婚姻的確不應該成為局限彼此的枷鎖，即便結了婚，雙方依然可以保留自己的社交圈、自己的空間、自己的興趣愛好。熱戀中的男女由於感覺彼此難分難捨，大都會暫時忽略朋友，這是很正常的事情。但蜜月期過後，丈夫往往會最先找回他們的朋友，而妻子則常常因為將全部情感都寄託在丈夫身上，對此產生某種不滿，或是疏遠自己原有的朋友圈子，過分依戀自己的丈夫，這些做法不但不能永久拴住丈夫的心，還會引起他的倦怠。

聰明的女人應該知道，愛一個人並不等於要喪失屬於自己的空間，也不等於要侵占對方所有的空間。

大多數男人害怕失去自由，再美滿的婚姻也需要「呼吸」，當妳的另一半發現妳並不是那麼依賴他們時，他們那種對失去自由的恐懼也會隨之消失，取而代之的則是渴望與妳幸福生活的決心，這樣一來，妳又怎麼會不幸福呢？

貼心提醒

男女之間的感情總是那麼難以捉摸，有時候像細浪，有時候像颶風，但無論何種感情、何種美滿的婚姻，也都需要有「呼吸」的空間。義大利的心理學研究所的一項心理研究顯示：即便是感情基礎很堅實的夫妻之間，也必不可免地會發生週期性愛情休眠期。這時最好的解決辦法就是什麼都不要做，不要質問對方，懷疑對方，更不要心生怨恨，抱怨不休，而是多給彼此一點空間和時間，去進行自我調整。

善意的「謊言」為感情添點料

「愛一個人就要對他絕對誠實」，這話幾乎是大部分女人的愛情座右銘，也是她們要求男友必須做到的。然而很多時候，生活中也需要善意的謊言。

大海曾是一個大學鋼琴教師，一次校園意外失火，他為了救一個學生，左腿被大面積灼傷了，雖然經過了兩次修復手術，但還是留下了很顯眼的傷疤。

一次，他和妻子一起去海洋公園玩，一開始兩個人玩得都很開心，但很快，大海發現很多人在看他腿上的傷疤，甚至還有一些人會小聲地議論，那一刻大海意識到，那傷疤太顯眼了，於是就藉故累了，一個人穿上長褲悻悻地坐在休息椅上發呆。

一個月很快過去，一天他的妻子又提議去海洋公園玩，但是大海當即就拒絕了，他的妻子走過來坐在他的身邊說：「我知道你為什麼不去，因為你覺得每個人都在看妳受傷的左腿對嗎？」

大海看了看妻子，沒說話，只是悶著點了點頭，這時妻子輕輕地抬起大海的頭，溫柔地說：「聽著，親愛的，這沒什麼不好意思的，那傷疤是你的榮耀，就像是打勝仗的將軍的勳章一樣，它在告訴所有看到它的人，你是一個多麼勇敢的人，沒有必要隱藏它，而應該讓所有人都認識它！知道嗎？我愛你的傷疤。」

也許妳的老公有很多不足，離妳心中理想的那個「他」很遠，但這樣的話若妳說出來，無疑只能讓對方尷尬、傷心甚至是自慚形穢。但是如果妳告訴他，妳就喜歡他的啤酒肚，在無時無刻給妳安全感；告訴他，雖然他看上去有些柔弱，卻是妳最強大的依靠；告訴他，即便他晚睡的鼾聲震耳欲聾，但少了這鼾聲妳卻無法安然入睡，是的，就這樣告訴他，妳欣賞他的一切，告訴他，他的那些缺點也是他的優點。妳愛的他就是這樣，而妳就愛這樣的他，讓他知道他沒有必要為了妳而改變什當妳真正這麼做了，他會用盡一生去做一個愛妳的好男人。

妳的另一半現在或許只是一個囊中羞澀的打工仔，可是妳就是愛他，不是因為他的存款，他的事業，而僅僅因為他就是他，於是妳決定將自己的人生全部購買他這個妳堅信不疑的「潛力股」，因為妳看到他的真正、善良、健康和體貼。妳告訴自己也相信有那麼一天，他也會擁有令人羨慕的財富。沒錯，妳每天都打著這樣的如意算盤，妳相信在不久的將來妳深愛的人也能夠給予妳物質上的滿足，這樣一來，妳就會獲得感情、物質雙贏了。也許你們現在還住在廉價的小套房裡，沒有自己的車子，即便是自行車，但當他向妳抱歉說讓妳受苦的時候，妳卻依然會微笑著告訴他：「和你在一起，我不在乎你有沒有錢，只因為我愛你，你也愛我！」

就這樣，你們幸福地走在了一起，可是婚姻不會一路順風，你們必不可免會發生一些小爭執，如果這時他總是習慣在妳面前擺出一副盛氣凌人的姿態，或者在妳說話的時候總喜歡和妳爭論，而且一定要分出高低；當然，如果妳高他低，那麼肯定就沒完沒了，他可能會和妳在超市為了一個罐頭爭執，突然提高聲音；或者為了一個女演員的名字和妳爭執。此刻，傻女人會大聲和男人爭論，最後吵到雙方抓狂，接著演變成一場「戰爭」。而聰明的女人則不會爭論，反而會溫柔地說：「你是對的」。要知道，男人大都喜歡占據主導地位，希望自己能夠控制一切，那妳何不適時「滿足」一下他的心理呢？在這種小事上，沒有必要和他計較。

一個聰明的女人，會讓那些善意的小謊言成為婚姻生活中的潤滑劑！

貼心提醒

人們常說：「成功的男人背後都有一個好女人。」一個聰明的女人會善加利用善意的謊言，巧妙地鼓勵和讚美自己的老公，讓他變成一個更優秀的男人。

和老公溝通有技巧

婚姻生活中，普遍存在這樣一個問題：很多女人都覺得自己的丈夫應該知道並了解自己的心思，所以她們覺得自己想什麼沒有必要說出來。但事實上，無論妳的丈夫多麼愛妳，也不可能成為妳肚子裡的蛔蟲，事事都清楚、全明白。

還有不少年輕女子，總是希望能夠收獲一份「感動天地」的愛情，而自己卻不願意付出，只是一味地渴求對方為之生，為之死。這種對愛情的幻想和自私的態度，只會傷害婚姻，給婚姻生活帶來不幸。

佳明和大梅結婚5年了，現在他們的女兒已經上幼兒園小班了。於是大梅打算重新就業，這樣不僅可以補貼家用，也能讓他們的生活變得更好一點，佳明對此也表示同意。

不久後，大梅便在一家律師事務所找到一份助理的工作，待遇非常不錯，但大梅因為工作的原因，常常很晚才回家，回到家後，她又要顧小孩又要做飯。漸漸她發現自己的丈夫佳明明明每次都比自己回得早，但卻非要等著自己回家做飯，這讓大梅感到很是氣憤。隨後的幾天，大梅經常藉故就說丈夫不做家事，說他懶，丈夫對此感到很冤枉，週末時的家庭大掃除全都是他一個人做的，怎麼能說他不做家事呢？

就這樣，兩個人越吵越凶，爭執的範圍也不再局限於家事。他們都渴望回到以前平靜的生活中，最終他們決定去尋找婚姻諮詢師幫忙。

到了諮詢室，諮詢師讓他們之間進行了一次溝通，這才發現，其實佳明做的家事有的時候比大梅做的還要多，但大梅之所以不停地說佳明，就是因為佳明不幫自己做飯，知道真相的佳明，表示以後只要自己回家早，就會主動洗米備料，但他不會炒菜，要等大梅回來再炒菜。就這樣，兩個人之間的矛盾消除了，他們也學會了有事多溝通，將自己的願望和想法坦白告訴對方。

對很多女人而言，如果丈夫能夠主動理解她們的需求，她們就會覺得丈夫是真的愛她們，覺得很有安全感，很踏實。事實上，男人與女人的理解力天生就存在著詫異，有時妳認為十萬火急的事，在妳丈夫眼裡不過是一樁小事。明白了這一點，妳就不要一個人生悶氣了，而要增加雙方的溝通，只有將想說的話說出來，你們之間的矛盾才能好好化解，生活才能越過越美滿。

在家庭生活中，女人有時顯得過於敏感，一旦看到家裡很亂，心情就會莫名地變壞，此時妳只需要深呼吸一下，等情緒平靜了，妳就會發現沒有什麼是非做不可的。應該給自己也給丈夫一個調整的空間，不要讓瑣碎的家事成為雙方的心理負擔，有什麼話就直接對妳的丈夫說出來，如果妳覺得在家事上他做得不夠多，那告訴他妳想要他怎麼做，這樣他才會明確知道妳的想法，才會朝妳希望的方向去努力做好。

有時一味地指責妳的丈夫不夠關心妳，會讓他摸不著頭緒，甚至誤會妳是因為心情不好所以需要發洩。如果妳需要妳的丈夫為妳做一件事，那不如換成這樣的說話：「如果妳……我就會輕鬆多了……」

總之，妳應該明白夫妻雙方對一些問題的看法要及時溝通，因為即便相愛，妳依舊是妳，而他依然是他，一個眼神就能讀懂對方心思的事情大多只會發生在小說和電影中。在現實生活中，對社會的認知、對工作的態度、對孩子的態度……都是需要不斷交流才能達到共識的。

貼心提醒

不少年輕女子總是希望能夠收獲一份「感動天地」的愛情，而自己卻不願意付出，只是一味地渴求對方為之生，為之死。這種對愛情的幻想和自私的態度，只會傷害婚姻，給婚姻生活帶來不幸。

在家要做會撒嬌的「小女人」

撒嬌是女人的天性，光從「嬌」這個字妳就不難看出其與女人的關係。換言之，「嬌」衍生於女人，而女人又透過「嬌」將美麗延伸。

幾乎沒有男人能夠抵擋得住撒嬌的女人，男人生性剛烈，總是渴望成為保護別人的英雄；而女人則生性陰柔，總是渴望被保護，二者應是「剛柔相濟」。隨著時代的變遷，越來越多的女人走入職場，也變得強勢起來，這個時候，她們不再是那個會撒嬌的小女生，而是職場中拚殺的女強人，此時男人便無法在女人身上尋找到實現「英雄」的角色，雙方的生活也會出現摩擦與不和諧的因素。

在家中女人應該學會撒嬌，因為撒嬌有時也是緩解家庭矛盾的好方法。

何莉莉某天心血來潮買了五六件名牌衣服回來，這時為了房貸、車貸而辛苦工作的老公覺得很氣憤，便走進來問何莉莉：「妳不知道我們現在還有很多貸款要還嗎？」

如果此時，何莉莉毫不理會丈夫的態度，而是強硬地對丈夫說：「我花自己的錢怎麼了，那麼多貸款是你自己沒本事，我又沒花你的錢。」那結果可想而知，兩個人互不相讓，可要大吵一架。而如果當時何莉莉這樣說，「好啦，老公，人家知道錯了，不過是因為打折才買的啊，再說，人家買衣服不就是想打扮得漂漂亮亮的給妳看嗎？」相信丈夫聽到何莉莉這樣溫柔、撒嬌的話語，再多的不滿也說不出來了，說不定還會疼愛地走到何莉莉身邊說：「沒事，我就是說說，有想買的東西當然要買了，我會更加努力賺錢的！」於是乎，原本會引發的矛盾變成了一次溫馨的表白，妳覺得如何呢？

沒錯，男人都喜歡溫柔甜美的女人，更喜歡會撒嬌的女人。而對於女人而言，在自己丈夫面前，適時地撒嬌也會讓彼此的生活錦上添花，更加美好而甜蜜。

很多時候，男人要面對激烈的競爭，一般不會像女人那樣向別人哭訴自己的勞累，幾乎所有的壓力、痛苦和失敗都要一個人往肚裡吞。他們不把失意和痛苦寫在臉上，卻不代表他們內心不需要安慰與呵護，而這個時候，聰明的妳如果能夠給他一些溫暖，在他累的時候撒著嬌給他講個笑話，那再多的勞累對他來說也都不算什麼了，剩下的只有對妳的愛和要給妳幸福的決心了。

撒嬌的女人是美麗的。如果妳之前認為撒嬌很無知、很軟弱甚至有點虛偽的話，從現在起，通通都忘掉吧，讓撒嬌成為妳最溫暖的「手」，時時刻刻給深愛的男人甜蜜的撫摸。撒嬌不僅是女人的一種魅力，撒嬌更是一種享受，是聰明女人對幸福生活的一種詮釋。它可以讓女人永保青春，可以使男人倍感輕鬆，享受生活中的幸福。

當然，撒嬌也要分清場合，並且掌握好分寸，切不可讓撒嬌氾濫，最後讓人厭倦。

貼心提醒

男人都喜歡溫柔甜美的女人，更喜歡會撒嬌的女人。而對於女人而言，在自己丈夫面前適時地撒嬌也會讓彼此的生活錦上添花，更加美好而甜蜜。

第九章

回歸自我，做自己心靈的主人

妳是不是時常因為沒完沒了的追求而茫然若失呢？在忙碌了一天之後，只剩一個人獨處的時候，就會無比寂寞，甚至找不到生活的樂趣？

生活中有著永遠也追不完的夢，為了實現它們，妳可能不惜改變自己，不惜放棄原本的理想，久而久之，喪失了自我，這樣的妳是不會快樂的。

放下那些沒完沒了的完美追求吧，只為自己而活，生命是短暫的，女人更該懂得回歸自我，做自己的主人。

別為了追求「完美」所累

隨著渡邊直美、「胖艾美」瑞貝爾威爾森（Rebel Melanie Elizabeth Wilson）等「棉花糖女孩」的爆紅，不同於時下定義白瘦美才是大眾追求的「完美」，審美在不知不覺間發生了新的變化，人們不再追捧身材的完美形象，幽默逗趣有實力的可愛女孩，也會被受到矚目，如果妳一直為追求完美所累，是不是也應該適時卸下「完美」的心理負擔呢？

大家一定有過這樣的感覺，一件完美的藝術品和一件民間雕塑放在一起，妳通常只會遠遠地看著那件藝術品，即使它的主人允許妳與它近距離接觸，妳通常也不會拿起來把玩；而一件民間雕塑，卻總能給妳一種親切感，不像完美的藝術品那樣給妳一種懾人的距離感。

看過這樣一個報導，說目前世界上有60％的男性找不到適合的女友，而在對一百位男性進行異性朋友抽樣調查時顯示，這些男性身邊不乏優秀的女人，這是為什麼呢？聽聽男人的說法吧，「因為她們實在是太強了，漂亮、有能力，我想這樣的女人完全不需要男人在身邊，而她們也常常盛氣凌人，只能當朋友，而不適合當妻子。」沒錯，男人們在擇偶的時候，或許是礙於他們大男人的面子，往往慣於選擇那些不如自己的女人，在這一點上，男人與女人對「完美」的認知完全不同。

這麼說來，完美對於女人而言似乎並沒多大的優勢可言，當妳的完美成了妳的累贅時，妳是否應該重新思考一下要不要繼續義無反顧地追求下去呢？當然，追求完美並沒有錯，只是如果妳追求完美的路程太過曲折、坎坷，是否應該適可而止，讓自己輕鬆一點生活呢？

很多武俠小說裡有這樣的詞：「天妒紅顏」，事實上，天真的會嫉妒女人的美麗與完美嗎？當然不是，這也許是寫武俠小說的男士們不想讓女人的光芒蓋過自己的說辭罷了。但從這一點卻不難看出，真正懂得享受生活、幸福生活的女人，應該是懂得平凡生活的女人。完美有時真的不如平凡，有點小小的缺憾，更能讓人感受妳的美，不然斷臂的維納斯為什麼能成為美學之最呢？

妳與妳的姐妹淘之間，更是如此，哪個女子沒有點攀比及嫉妒之心呢？如果妳想要結交到真心的朋友，在最開始的時候，就不應該讓自己過於鋒芒畢露，這也是交際心理學中很重要的一點。

一個慣於追求完美的女人，對自己總是過於嚴格，因為她們總是以為，只有嚴格去做，才能鑄就完美。她們往往太過於重視自己的衣著、工作、家庭、子女，久而久之，形成了習慣。這種習慣，會唆使她以一種完美的眼光來對待自己的家人、朋友、丈夫甚至子女，她們總是有太多的這樣那樣的要求……以種種完美的姿態來要求身邊的人，得到的結果往往就是親戚朋友、丈夫子女的疏遠與不理解。

某雜誌上曾經有過這樣的報導，文章的題目叫做「美女因生出黑醜娃被揭露整容事實，丈夫難以忍受與之離婚」。

這事說來也好笑，一個男人看上了一家私人企業老闆的女兒，這家女兒長得非常漂亮，為了能夠追求這位年輕漂亮的女子，男人費了好大的力氣，最後終於得到了女子的芳心。婚後，兩個人生活也很幸福，男人對女子也是百般呵護，在男人看來能夠娶到這麼美若天仙的女子，是他幾世修來的福氣。結婚第三年，他們的女兒出生了，然而，厄運也從此開始，因為她們女兒非常難看，起初男人以為是孩子尚小的緣故，於是也沒有多說。然而，孩子卻並沒有像男人想的那樣越長越漂亮，而是越長越醜，又黑又醜，這個時候，男人開始懷疑，自己長得也不難看，她長得又那麼漂亮，孩子不應該長成這個樣子啊。於是，男人懷疑這很有可能不是自己的孩子，而是女人的私生女。最後，在男人百般追問下，女子終於道出了其中的原委，原來女子是人造美女，在整容之前，女子生得又黑又醜，為了追求完美，得到美麗的容顏，她從爸爸那裡拿錢去韓國進行了一次全方位的整容手術，同頭到腳換了一個人，最後因美麗的外貌與暗戀許久的男人結了婚。但男人卻並不能理解女子的做法，覺得荒誕至極，最後向女子提出了離婚。發生這樣的事情，與女人苛求完美也有一定的關係。

完美對於女人來說，是一種欲望，當人們得不到自己渴望的東西時，總會有些遺憾，但遺憾並不一定都是不好的，國畫與古書中的留白，與其說是一種遺憾，不如說是一種智慧與品位，是空缺的完美。

完美之於女人而言，是一種心理上的反應與感受，生命中美的東西數不勝數，只要妳願意用心去尋找，每一刻都可能是完美的。生而為人，妳應該明白，完美不是絕對的。年輕女子，青春美麗，但卻沒有歲月沉澱下來的成熟魅力；年長的女子，雖將歲月變成了如清泉般潺潺的內涵，卻又要為時間流逝、青春不再而擔憂。因此妳要懂得欣賞不同階段的美麗，因為這遠比追求一時的完美重要的多。

在快節奏生活的今天，女人大都忙碌而緊張的生活著。有些女人並不真正清楚自己需要什只是單純地去追求大眾眼光中的完美，渴望以此而受人膜拜。終於有一天，她完成了自己對完美的追求，抬頭看時，才驀然發現，她追求的完美早已時過境遷，不復存在。

月圓月缺，花開花落，真正懂得生活的美麗女人應該是懂得順應時間、順應自然的女人。想要活出自然，就要擁有「順應」的心態，身為女人的妳，應該善於發現美，而不是一味地追求心中自定的完美，無論是對於自己還是對於身邊的人和事，都要努力發現其閃光之處。

看到花謝時，妳要想到它盛開時的美麗……現實生活中，妳應該讓自己具備「審醜」的能力，不要總是讓自己背著沉重的「完美」負擔生活，只有這樣，妳才能用心去感受生活中那些平實而樸素的美，幸福、輕鬆地生活！

貼心提醒

完美對於女人來說，是一種欲望，當人們得不到自己渴望的東西時，總會有些遺憾，但遺憾並不一定都是不好的，國畫與古書中的留白，與其說是一種遺憾，不如說是一種智慧與品位，是一種殘缺的完美。

解脫煩惱，坦然面對不幸

女人活在這個世上，難免會遭遇不幸。有些女人遭遇不幸後，能夠積極地面對，哭過、痛過後依然繼續堅強地生活。但有些女人卻沒有辦法從不幸中走出來。女人也許是柔弱的、感性的、敏感的，有時發生在她們身上的不幸的確令她們無法接受，但生活還得繼續，這個世界不會因為一個女人的失意放慢腳步。倘若被不幸再次光臨，即使每日以淚洗面、消沉地生活也是絕對無濟於事的。

女人要學會坦然面對不幸，不幸只不過是人生的考驗，只要有勇氣、不畏懼，就能堅強地面對它，就能讓自己從不幸、悲傷中走出來，大膽地跨過這道檻。

「故天將降大任於是人也，必先苦其心志，勞其筋骨，餓其體膚，空乏其身……」的確，與其說不幸是種災難，不如說是上天是在垂青妳。因為只有那些在摔倒之後勇於站起來的人，最終才能夠獲得成功，才能驕傲地站在人前。當人們詢問她們所經歷的不幸時，她們表情平靜，不再有悲傷，因為那個時候，再多不幸對她們來說也只是一種成長的經歷，一種成功的過程。

宋瑞曾經是一家廣告公司的企劃，但她卻意外地被辭職了，她不知道原因是什辭退她的人事部經理也沒有給出明確的答覆，只給了她一部分賠償金，便不再說話。

宋瑞非常生氣，但她還是拖著有些疲憊的身體回了家，這時媽媽問她是不是有什麼事情，她說：「沒事，現在我終於有時間好好在家陪陪您了，而且還有一個好消息，就是我終於可以去實現自主創業的目標了。」

接下來的日子裡，宋瑞積極調整自己的心態，離開了公司，她現在唯一要做的事，就是開一間屬於自己的創意工作室。

隨後，她利用在公司這幾年累積下的人際關係和深厚的基本功，為自己找了不少客戶。隨後，她找了兩個助手，就這樣，三個人的工作室開張了。宋瑞認真地對待每一份訂單，發奮努力，不出一年，她的工作室在業界就小有名氣了，隨後的幾年裡，她的工作室變成了一家頗具規模的創意公司，而她也實現了自己最初的抱負。

生活中，女人就應該這樣坦然面對自己的不幸，把不幸當成一個起點，而不是終點。失業時，妳可以把它當做是新事業的開始；失戀時，妳可以把它當做是尋求真愛的開始……妳還可以想一下，每一趟火車的終點其實都是另一個起點，更何況是妳的人生呢？

作為一個女人，尤其是一個生在現代社會的獨立女性，妳必須讓自己學會正視不幸。實際上，很多時候發生在妳身邊的不幸，並非那麼可怕，這些不幸與挫折也許就是妳通向成功的墊腳石。

很久以前的一天，一隻可憐的小毛驢在玩耍的時候不慎掉進了一口深井中，它的主人急壞了，找來了鄰居，想把小毛驢救出來，但畢竟人和毛驢之間沒法溝通，毛驢的主人用盡了各種方法也沒能將毛驢救出來。聽著毛驢哀嚎的聲音，主人很不忍心，於是決定和鄰居一起把毛驢埋了，以減輕它的痛苦。他們開始將土一點點地鏟進井裡，說來也奇怪，剛才還不停哀嚎的小毛驢突然安靜了，主人和鄰居覺得很奇怪，就探下頭去看，沒想到，毛驢竟然將自己身上的土抖下去，再用蹄子踢到一邊，然後站在上面，就這樣，土越埋越多，毛驢也離井口越來越近了，最後，它竟然安然無恙地從深井裡走了出來，在人們驚愕的表情中快步跑開了！

沒錯，這頭毛驢太聰明了。在現實生活中，我們有時也會和那隻毛驢一樣不慎掉進生活的「枯井」之中，會被各種各樣的壓力所掩埋，但如果妳渴望走出「枯井」，妳就必須像小毛驢一樣努力抖下身上的沙土，並將它們踩在腳下，成為妳的奠基石，這樣妳才能從「枯井」中走出，迎接屬於妳的成功！

貼心提醒

作為一個女人，尤其是一個生在現代社會的獨立女性，妳必須讓自己學會正視不幸。實際上，很多時候發生在妳身邊的不幸，並非那麼可怕，這些不幸與挫折也入場就是妳通向成功的墊腳石。

要懂得從知足中獲得幸福

生活中，似乎很少聽到女人說「我很幸福」，常常聽到的話是「好生氣，為什麼老闆還不給我漲薪水？」、「我的老公怎麼不能像別人家的老公那樣成功呢？」、「什麼時候才能有自己的房子和車啊？」……女人總是覺得自己的生活中有這樣那樣的事情阻礙著自己得到幸福，真正阻礙她們擁有幸福的，其實是她們自己。

活在當下的女人，有多少還會用「吃得飽、穿得暖、睡得香」來詮釋幸福呢？是的，像這樣單純的幸福，恐怕早就被生活在都市裡的女人們給遺忘了，那到底什麼才算是真正的幸福呢？如果妳靜下心來仔細思考，就不難發現，其實所謂真正的幸福不就是那種追求願望的過程嗎？無論結果如何只要去做過了就應該是幸福的，而這種幸福源自知足。

李琪大學畢業了，大學期間，她如所有臨畢業充滿夢想的人一樣為自己制定了一個遠大的規劃，隨後，她便開始按照自己的規劃一步一步地實施。

隨著時間的推移，一起畢業後的男友明威和幾個朋友合開了一家小公司，李琪也如願以償找到了一份很好的工作，就這樣兩個人開始了「奮鬥」的日子。轉眼間兩年又過去了，明威的公司已經開得有聲有色，而李琪自己也升到公司主管的位置。於是，兩個在外人看來已經小有所成的年輕人準備談婚論嫁了，可就在這個節骨眼上，李琪的公司決定送李琪去美國進修，為期兩年，體諒她的明威同意了，兩年的異地戀是漫長且難熬的，但兩個人的關係依舊很好地維繫著，明威也會時不時去美國看看李琪。

李琪終於回國了，她憑藉著優秀的培訓成績被晉升為經理，這個時候，他們也終於結婚了。但結婚後，他們衝突越來越嚴重，李琪經常為了工作而忽視明威，就連明威母親的生日李琪都沒有參加，明威很生氣，質問李琪為什要這麼做，李琪只是搖搖頭說：「為了事業。」明威想不明白，當初李琪的規劃他看了，李琪只是想在5年之內成為一家不錯公司的主管，和自己快快樂樂一起生活，現在早已經超出了目標不知多少，她還要什麼呢？

而李琪卻有自己的想法，她認為目標要與時俱進，於是她拚命地累積人脈，她想要得到更多，就這樣，不比李琪清閒的明威總能抽出時間回家做飯，而李琪卻時常半夜回家。已經跨入30歲的明威想要一個自己的孩子，他和李琪商量，卻遭到李琪的拒絕，明威覺得很委屈，問李琪：「為什難道妳不愛我了？」李琪卻只是說：「我還有很多目標沒有完成，孩子會阻礙我實現自己的目標。」、「我們現在的一切都很好了，妳為什麼不能停下來，不能滿足呢？」、「人怎麼能輕易滿足於現狀呢？」李琪也很委屈地說著，明威無奈地看著妻子，摔門而去，兩天后他發來簡訊，「李琪，我們離婚吧，妳的目標太遙遠了，我已經不堪重負了，妳無法停下腳步陪我一起生活，這麼久了，我一直在等著妳停下腳步，和我正常地過普通的日子，但妳卻越走越遠，可我需要的是一個能夠與我溫暖生活的妻子，我也想要一個孩子，對不起！」

李琪看著這簡訊哭了很久，她打電話給自己五年前就當媽媽的好朋友茉莉，她告訴了茉莉自己的苦悶，茉莉一邊安慰她一邊說：「我結婚前也有很多目標，但我放棄了，不是因為我安逸或者退卻了，而是因為我發現停下來享受幸福才是最重要的，要孩子前，我和妳一樣有這樣或那樣的擔憂，但隨即我反問自己，我愛我的丈夫嗎？愛這個家庭嗎？我得到我想要的了嗎？答案顯而易見，現在的生活讓我很幸福，我就應該滿足，既然如此，我還有什麼好擔憂的呢？知道嗎？妳應該把目光放近點，雖然人們常說站得高才能看得遠，可有的時候也會有站得太高摔得很慘的結果出現啊，尤其是對於女人而言，如果總是盯著遠處看，妳一輩子都無法休息，一直追逐，只會讓妳失去一路上所有的風景，妳有了一份滿意的工作，一個愛妳的老公，生活不是很幸福嗎？何必一直和自己過不去呢？」

聽了茉莉的一番話，李琪終於明白了，幸福是一種知足，是一種從力所能及的付出中獲得的滿足。隨後，她打電話給明威，把自己的想法告訴了他，就這樣相愛的兩個人又重新走到了一起，開始了新的生活，李琪也學會知足，惜福了。

是啊，知足是福，懂得活在知足之中的女人，是聰明的女人，也是幸福的女人。一個女人是否幸福，絕不是看她擁有多少漂亮的衣服、首飾、地位、名譽……而是看她對現有的一切是否滿足。對於一個懂得知足的女人來說，即使她僅有一間可以避風躲雨的小屋子，即便終日粗茶淡飯，沒有各種各樣的化妝品和首飾，她一樣是幸福的；若一個女人沒有知足之心，即便她被名車、豪宅、漂亮的衣服、昂貴的首飾所包圍，她依舊是不幸的、孤獨的！

在當今時代，有些女人的敏感和虛榮被無限放大了，當她們看到身邊的朋友們買了新的衣服、香水、好車、豪宅……心裡就難免會有些不是滋味，而這種攀比之心是無窮盡的，如果妳總是與那些比自己房子大、車子好、收入多的人比較，那妳只會越陷越深，與幸福越來越遠，長此以往，就會把自己歸為不幸的人；而妳若是與那些比妳房子小、沒有車子、比妳窮的人比較，妳就很容易感受到當下生活的美好。

有時某些女人的際遇相似，但卻有人覺得幸福，有人覺得不幸。這是因為她們對待生活的態度不同，比如，兩個女人同時得到了一件一樣的東西，其中一個人感到有些遺憾，覺得要是能夠得到兩件就好了；而另一個人卻很感激地想，「我又得到了一件東西」。顯而易見，後者自然會比較幸福！一個女人想要獲得幸福，首先應該學會知足。

知足是女人尋找幸福感覺的基礎，而一個即將30歲的女人，更要時刻培養自己的知足感，做一個樂天知足的女人！

貼心提醒

在當今時代中，有些女人的敏感和虛榮被無限放大了，當她們看到身邊的朋友們買了新的衣服、香水、好車、豪宅……心裡就難免會有些不是滋味，而這種攀比之心是無窮盡的，如果妳總是與那些比自己房子大、車子好、收入多的人比較，那妳只會越陷越深，與幸福越來越遠，長此以往，就會把自己歸為不幸的人；而妳若是與那些比妳房子小、沒有車子、比妳窮的人比較，妳就很容易感受到當下生活的美好。可見，一個女人想要獲得幸福，首先應該學會知足。

奔三的女人要懂得做自己

不知不覺的，妳已經度過了生命中最輝煌的25歲，現在的妳已經是一個奔三的女人了。

奔三的妳，沒有了剛畢業時的張揚，淡定中多了幾分成熟與內斂！不會在遇到事情就浮躁不安，多了幾分釋然之情！工作已經基本穩定，壓力也不再像當初找工作那麼大，錢也算是夠花。感情生活也算順利，戀愛了很久也到了該談婚論嫁的時候。總的來說，一切都還算順利，小的打拚25歲前都做了，大的努力還要等待以後的衝刺。可以說，即將奔三的這段時間對妳來說，應該是相對輕鬆的。

不過，聰明的妳應該充分利用奔三之時，為自己30歲的生活打好基礎，提升自己，開闊妳的視野，為更大的努力養精蓄銳，培養妳的休閒愛好，懂得做好自己。

妳不能控制別人的想法，但是妳可以掌握自己的人生，妳沒有辦法左右天氣，卻能改變自己的心情一樣，也許妳沒有可人的容貌，但是妳卻可以讓自己擁有美麗的內心！好好享受生活！

每天，聽一首喜愛的音樂，泡一杯紅茶，坐在窗前，忘卻了一天的疲憊，剩下的只是心靈的寧靜。

哪怕只有10分鐘，不再吃完飯就急急忙忙地走進臥室加班工作，也不再跑到電視機前將整晚的時間都交付給某個電視節目。

晚上臨睡前，一邊敷著面膜，一邊可以看一本書，讓妳的內在美與外在美同步進行。

每週一有空，就練一練字，不管字好不好看，而是享受那份專心與寧靜，為自己增添一抹古韻風情。

傍晚時分，不再去吃速食，而是跑到超市精心挑選幾樣食材，回到家中為自己也為他精心烹製幾道平時沒有時間去做的精緻的飯菜。

每月給自己留下四五天去健身，去練習瑜伽，奔三的妳要看重健康，並做一個內外兼修的優雅女人。

沒事的時候，也可以帶上親朋家的孩子去遊樂場，跟在他們的身後，妳會覺得自己是年輕的，快樂的，和他們在一起，會讓妳回憶起久違的童年。

奔三的妳要知道如何做自己，如何做自己想做的事情，如何做讓自己快樂的事情。

就這樣，在安靜、淡然、精彩、快樂……的生活中去迎接屬於妳的30歲！

貼心提醒

聰明的妳應該充分利用奔三之時，為自己30歲的生活打好基礎，提升自己，開闊妳的視野，為更大的努力養精蓄銳，培養妳的業餘愛好，懂得做好自己！

為自己制定一個「充電計畫」

妳想讓自己越變越美嗎？除了大量的使用美膚用品之外，妳還可以選擇更方便無危險的充電美容法。是的，妳絕對沒有聽錯，我說的就是充電美容，並且效果顯著。

妳若想要讓自己與眾不同，成為一個不俗的女人，就要借助文化素養來完善自己，讓自己上升到一個新的階段。

這個世界上，沒一個男人不喜歡女人漂亮的臉蛋和性感的身材，但也沒有一個人能夠否認一個有文化素養的女人所散發出的魅力。與虛有其表相比，妳更應該讓自己成為一個內外兼修的美麗達人。如果將文化比作是衣服的話，那女人能做的就是依照自己的興趣、愛好，量體裁衣，為自己做出最合身的衣服。

身為白領女性的妳，深感工作壓力之大，沒有過硬的文化素養和知識儲備，遲早要被新人打下陣來。

妳必須充分利用休閒時間去充電，作為一名聰明的職場女性，妳必須要為自己量身定做一套充電方案，以「活到老，學到老」作為自己的座右銘。

如果妳尚在迷茫期間，還沒有找到適合自己的充電方法，不妨仔細閱讀以下內容，或許會令妳茅塞頓開。

首先，找準對自己最有利的切入點。作為一名職業女性，妳與職場新人最大的區別就是，妳擁有更多的經驗，妳知道在這份工作中，妳需要付出什得到什麼。技能和各種各樣的證書並不是越多越好，職業中需要「精」，妳要做的是，不要盲目給自己制定目標，而是應該仔細考慮，自己目前到底需要什缺少什麼。只有這樣，妳才能夠「恰如其分」地為自己充電。

其次，妳要明確自己充電的原因，不要覺得現在流行充電，妳也就「不知所云」地跑去充電。妳在充電之初，要非常明確自己的目標，即妳充電是為什麼？一般女人充電只因為兩件事情——婚姻和工作，在這裡我們主要談談工作。

女人在這個社會上找一份適合自己的工作並不容易，能夠在公司裡「站住腳」就更難。因此，妳的充電行動一定要建立在不影響正常工作之上。

充電無處不在，不一定非要在課堂上。充電不能脫離目前的工作，在經濟與時間雙重受限的情況下，妳一樣可以做一個智慧女人。除了利用好週休二日，參加必要的培訓外，平時妳還可以留心身邊的小事，學會發現工作中的亮點，善於總結他人的成功經驗，並將其為己所用，這也是生活中最方便快捷的充電方法之一。

緊隨時尚潮流，讓自己成為一個有涵養，有素質的智慧達人，應該是妳做完美女人的首要目標。適時為自己充電，應該是渴望成為完美女人的妳最重要的修練科目，因為一個完美的女人必定是一個兼具智慧與文化素養的人！

貼心提醒

妳若想要讓自己與眾不同，成為一個不俗的女人，就要借助文化素養來完善自己，讓自己上升到一個新的階段。

第十章

達天知命：人到30歲，心如明鏡

也許妳會認為，男人到了30歲才算開始了自己人生的真正篇章，可對於女人而言，30歲之於自己卻有著截然相反的意義。男人可以30而立，而女人似乎一過30歲就青春流逝，夢想不再，若此時事業無成，真的就只剩下自怨自艾了！

這其實完全是妳自己給自己設的「陷阱」，誰說30歲的女人青春不再，誰說女人30歲一過容顏不再，又是誰說30歲的女人離夢想會越來越遠？

30歲只是人生中的一段經歷，聰明的女人會讓自己因為這段經歷而變得更加成熟、睿智、優雅，她們照樣會去追求自己的夢想，執著於自己的生活！

學會做一個快樂的「精品」女人

最近網路上流行著兩個詞語，一個是精緻女人；一個是精品女人。精緻，顧名思義，指的就是那些懂得享受人生的女子；而精品則是指那些生活在現代都市的「三高」女人，哪三高呢？高血糖、高血壓、高血脂？當然不是了，而是高學歷、高收入、高職稱，這樣的女人才是精品女人，她們在各自的領域內不是菁英就是可以一呼百應的女強人。她們習慣被旁人仰視，也習慣了俯視，無論是旁人對她們的稱讚讓她們誤以為自己有能力「頂天立地」，可以支撐起一切，還是她們生性好強所致，她們都認為自己只能做到最好。

漸漸的，這些女人們淪為了「精品」二字的奴隸，她們開始不允許自己犯錯，因為她們不希望自己的非同一般被錯誤毀掉；她們開始用冰冷的外表來掩飾自己的不安與寂寞，因為她們需要在人前做到最好，她們是獨立的女人，從不會示弱……她們為了在人前維持自己「精品」的形象，強迫自己用脆弱的肩膀撐起一片被眾人仰視的天空，成為人們眼中可敬、嫉妒或羨慕的「精品」。可是，她們卻忘記了自己只是一個普通的女人，也會有累的時候，也會有撐不下去的時候，長此以往，就讓越來越多的焦慮、恐懼、煩惱、壓力隱藏在「精品」的背後，一點點吞噬著她們的心靈。

渴望優秀、渴望獨一無二的心理給這些女子帶來了巨大的心理壓力，她們從小到大都是父母眼中的優秀人物，她們總是班級的前幾名，因為一貫的優秀，她們一直活在外界的掌聲與尊重之中。這些女子便在心中形成了對自己的錯誤判斷，她們以為只有一直成功下去才能被世界所接受，才能一直受人尊重。這種想法，在她們年紀尚輕時，或許能夠成為她們努力打拚的助力，但隨著年齡的增長，競爭力的不斷增大，這種想法就會變成心理壓力重重壓在這些女子的心上，讓她們時時刻刻活在危機與不安之中。一項針對成功女性的心理調查顯示，越成功的女人，心理的這種不安及焦慮就會越重，她們的焦慮和不安等情緒的變化是與成功成反比的，這一點，剛好與男人相反！

劉彥舞從小到大一直是親戚朋友眼中的優秀女孩，無論是考大學還是現在的工作，她從來沒有讓家人失望過，一直是家人引以為傲的焦點。

劉彥舞3歲開始學鋼琴，5歲開始學英文，10歲的時候就已經拿了全國學生音樂比賽的冠軍。隨後，她又憑藉著自己的努力考上頂大，畢業後又爭取到獎學金和一家外企的資助順利出國留學。回國後，劉彥舞按照規定在那家給予資助的外企上了5年班，隨後一個人開了家公司，現在年僅33歲的她已經是小有名氣的女老闆，是很女孩子心中崇拜的對象。

然而，不久前她卻因病住院了，竟然是肝癌，這對於年輕的劉彥舞來說，簡直就是晴天霹靂，她無法接受自己身患癌症的事實，她一遍遍對醫生說，自己還有很多工作沒有處理，她的公司才剛步入正軌。她怎麼能夠允許自己生病呢？但醫生卻搖搖頭說：「幸好妳的病情發現得早，如果妳積極配合治療，就沒有生命危險，但如果妳依然像現在這樣，只會加重病情，妳的疾病多半就是因為不正常的作息和妳的情緒引起的，作為醫生，我建議妳能夠留在醫院裡積極治療，並盡量放鬆心情，否則病情加重，就真的沒有辦法了。」

聽了醫生的話，劉彥舞癱坐在病床上，就在這時，她的母親走進來了，輕輕地坐在床邊，摸摸她的頭髮，說：「彥舞啊，生病了就好好休息吧，不要太爭強好勝了，妳在我們心裡一直都是最棒的，任何父母都希望自己的孩子有所成就，但與這些比起來，我和妳的父親更希望妳能健康、快樂地活著，是我們在妳小的時候給了妳太多的壓力，才讓妳現在活得這麼累，孩子，對不起，媽媽希望妳能輕鬆地生活！」

聽著母親的話，劉彥舞的眼角溼潤了，她一直以來為了爭強好勝，想要做到最好，真的很累，而現在聽著母親的話，她突然明白了，生命中有太多的事情是她無法一個人去完成的，與其讓自己每天都活得很辛苦，不如平和一點，畢竟她現在活得也不賴，有了這樣的想法，劉彥舞沉沉地睡著了。這也是這幾年來，她第一次睡得這麼快、這麼沉！

像劉彥舞這樣的「精品」女人，常常被人們當做超人來看待，有時她們自己也認為自己能力非凡，但人們卻忘記了，無論她們給人多麼成功的印象，但她們終究是女人，從外表上看，她們總是那麼孤傲，不可一世，卻沒有幾個人知道她們內心的惶恐與焦躁，她們總是害怕自己做不好、做不到，一次又一次地提高對自己的要求，直到無法承受生命之重壓方才停止，但那時卻往往晚矣。

其實作為女人，尤其是一個「精品」女人，妳大可不必讓自己如此焦慮地生活，名利乃身外之物，對妳而言，苛求自己成功地活著，不如讓自己遊刃有餘地生活。妳已經透過自己的努力得到了很多，當成功來臨時，與其以健康為代價讓自己活在焦慮之中痛苦不已，倒不如急流勇退、樂享生活來得明智。

聰明的女人應該學會走出「精品」的束縛，學會疏解焦慮、不安的情緒，讓自己快樂、輕鬆地生活。

無論是妳已經是「精品」女人還是正朝著「精品」女人努力，妳都應該學會調適自己的心情，適時地放鬆心靈。希望每一個女人都能夠幸福地生活，讓堅強與溫柔並行，在收獲成功的同時，也懂得樂享人生！

貼心提醒

作為女人，尤其是一個「精品」女人，妳大可不必讓自己如此焦慮地生活，名利乃身外之物，對妳而言，苟求自己成功地活著，不如讓自己遊刃有餘地生活。妳已經透過自己的努力得到了很多，當成功來臨時，與其以健康為代價讓自己活在焦慮之中痛苦不已，倒不如急流勇退、樂享生活來得明智。

不要讓年齡限制妳的美

30歲左右的妳，是不是不大喜歡談論自己的年齡，甚至懼怕不熟悉的人知道妳的年齡？想要在別人面前永遠保持青春亮麗的形象，這種心情是可以理解的。如果妳尚未到達而立之年，妳這樣的做法也許的確能讓妳在別人面前「年輕一把」，畢竟連30歲還沒到的妳，本來就是年輕的。但假如妳已經年過35歲，即使妳極力地掩飾自己的年齡，妳的眼神、脖子以及雙手卻已經暴露了妳的年齡。

每個女人都希望能夠留住青春，可是妳也必須要接受年齡在逐漸增長的事實，也不要以為年齡大了美麗就消失了，而是應該接受妳的年齡，並在每一個年齡段中找到與妳氣質相符的美麗，不必用各種手段去掩飾妳的年齡。

年齡不是衡量妳美麗與否的標尺，一個真正聰明的女人，一定是一個坦然面對自己年齡的女人，她們不會讓自己的人生被時間羈絆，因為她們知道，美麗其實與年齡無關，而她們也已經青春過了。

美，沒有年齡之分，無論妳處在什麼年齡段，只要妳保持一顆上進的心，熱愛妳的生活，有著得體裝扮，妳就是美麗的女人。

20歲的妳青春過，浪漫過；30歲的妳成熟了，感性了；40歲的妳，精緻了，細膩了；50歲的妳，更端莊，更典雅；60歲的妳，那麼淡泊，那麼優雅……每個女人都要經歷時間的變遷，也都會在時間的沉澱中展現不同時期的美麗。

所以，愛美的妳不應該讓年齡來限制妳的美麗。

35歲前，妳的美麗大多是妳的父母給予妳的，而35歲以後，妳的美麗卻是來自於妳自己的。

35歲以後，妳要承受的壓力會越來越多，妳所要處理的事情也會越來越多，身心的負荷都加重了，容貌和身材也會發生變化，這時就要看妳自己如何調適了。

只要妳保持開朗的心情，微笑著面對生活，學會堅強，學會堅持，坦然面對壓力，保持飽滿的自信心，做一個集善良、優雅、溫柔於一身的女人，無論何時，妳都是最美麗迷人的女人，即使站在青春正茂的小女生面前，妳的光芒也絲毫不會遜色。

聰明的妳千萬不要讓自己每天沉浸在對年齡的恐懼當中，妳要接受並積極地面對妳的年齡，就像香港演員張曼玉所說的那樣：「我42歲了，我就按42歲來生活。我可以面對這個事實。」

娛樂圈是最看重年齡的地方，可是妳會發現，那些憑藉著青春和美貌風聲乍起，卻又曇花一現的明星數不勝數，很快就被人們遺忘了。而有些女明星，卻能夠笑傲江湖數十載，這些女明星年紀越大，越受人尊敬，且片約不斷。這種時間沉澱下來的魅力又豈是年輕的女明星能夠比擬的？

擁有了美麗的容顏，那是妳的幸運，是上天的眷顧，但美麗不等於魅力，只有智慧與魅力並存的女人才是珍藏的紅酒，值得人細細去品味！

年齡對於妳來說不過是一個符號，與幸福沒有多大的關係。每個年齡段都有每個年齡段的悲喜，每個年齡段也都有著每個年齡段的獨特魅力。

年齡絕不是衡量妳美麗與否的標準，而閱歷卻會賦予妳更優雅的氣質，更迷人的魅力，更讓人陶醉的韻味……

貼心提醒

擁有了美麗的容顏，那是妳的幸運，是上天的眷顧，但美麗不等於魅力，只有智慧與魅力並存的女人才是珍藏的紅酒，值得人細細去品味！

將時間用在對的地方

假設妳的人生一共有70年，妳知道在這70年中，妳做什麼事情的時間最長嗎？

是站立，沒錯，妳絕對沒有聽錯，人的一生站立的時間最長，不知不覺中就是30年之久。

排在第二位的是睡眠時間——23年。

接下來，給妳自己準備一把舒服的椅子吧，因為妳在坐著這一動作上就要花費17年的時間。

從今天起，妳千萬不要再說要工作一輩子這樣的話了，因為事實上，妳用於工作的時間最多也就20年。

妳給身體補充能量（吃飯）的時間——6年。

和別人交談，又花掉2年的時間。

此外，妳還要看電視，且不說妳是不是整天都泡在電視機前，就按照每天晚上7點鐘開始計算，到正常的10點就寢為止，妳一生光在看電視上花費的時間就長達6年之久。

其餘的內容我們以天計數：

妳一生大概要笑 623 天；用於做飯的時間大概是 560 天；身體不適花費的時間大概是 500 天；進修充電用去的時間大概是 440 天；用於家庭、朋友等聚會的時間大概是 375 天；花在打電話、傳訊息的時間大概是 180 天；花在穿戴打扮的時間大概是 531 天；花在洗澡的時間大概是 531 天……

粗略一算，妳就發現這麼多讓人觸目驚心的數字，妳的一生究竟擁有多少時間，而妳又已經度過了多少時間，妳是否會感到恐懼，覺得妳剩下的時間太少太少了，少到妳不知道還能不能成功，還有沒有機會成功！

時光如梭，妳已經不再是那個追逐著花蝶滿公園跑的小女生，童年的幻想已在花開花落的四季輪迴裡漸漸褪去，新的夢想還沒來得及實現，轉眼間妳已經出落成了一個亭亭玉立的小女人了。

現在的妳正處在女人一生中最耀眼的「季節」，但妳的美麗也許會隨著時間的推移、年齡的增長而一點點消退。妳有沒有想過，那時的妳，會是個什麼樣子呢？

那時的妳，可能是一個記憶力衰退、容顏憔悴的路邊大嬸，也可能是一個依然不改優雅氣質的成熟女人，妳的一言一行，一顰一笑依舊獨具魅力，能吸引全場的目光……如果妳想要成為後者，那千萬不要虛度了妳的大好青春，妳現在所做的一切，就是為了妳40歲以後的生活。

妳是不是嘴裡總是掛著享受的招牌，安於現狀，幾個好朋友坐在一起聊天，能聊個昏天黑地，有什麼令妳不順心的事妳能鬱悶一個月，記仇一個月。剛翻開上個月訂的進修書籍，一個電話過來，妳便匆匆忙忙化妝收拾，興高采烈地出去和好友們逛街去了。妳不再像大學時代那樣拚命地學習，不再有著崇高的理想，現在的妳，興趣越來越廣泛，大到愛情婚姻，小到路邊小事、娛樂八卦……這些瑣碎的事情取代了妳原來「事業有成」的願望，成了妳目前生活的「主流」。

但親愛的，妳究竟有多少時間可以這樣白白浪費掉呢？想一想40歲以後的妳，那個時候，妳沒錢、沒地位，甚至還沒有找到一個如意郎君，妳的生活該怎麼辦？即使妳是一個擁有一定經濟實力的女人，但40歲時，妳還能這般肆意地享受生活嗎？那個時候，和妳同齡的女人，也許沒有妳漂亮，但是她們可能舉手投足間都流露著一份40歲女人的柔情、智慧、優雅與品位，而妳呢？難道要和大家一起討論那些陳舊不堪的八卦新聞嗎？

身為一個美麗的女人，妳應該真心誠意地去愛時間，它勝過妳衣櫥裡的任何一件名牌時裝，比妳梳妝臺上任何一款美膚產品更為有效，它能帶給妳與眾不同的氣質與美麗，但前提是妳要尊重它，珍惜它，不要隨意浪費它。

下班了，如果妳沒有什麼必須去看的電視節目，不妨讓電視休息一下吧，當作為全球暖化盡一份心，找一本期待已久的好書，慢慢地品味書中的意境，久而久之，妳也會沾染上書墨氣息的。

週末的時候，不妨按照自己的興趣去學點什麼，天氣這麼熱總是跑出去逛街不怕中暑嗎？妳天天喊著口袋裡的錢不夠花，總是逛街能夠花嗎？還不如把錢用在對的事上，將時間用在對的地方，為自己日後的「增值」做準備呢！

年輕、愛美的妳應該充分享受屬於妳的青春年華，但享受從來不等於虛度，時間對於女人來說太重要了，妳必須懂得在享受的同時為妳40歲以後做打算。不要再將時間全部花在購物、玩樂、聊天、看電視、上網，還是要多看看好書，不定期地給自己充充電，多結交一下「走在前面」的朋友並借鑑她們的成功之路。

年輕的妳，有著遠大的理想，成功的關鍵在於妳能否持之以恆地與時間賽跑。如果妳一刻不停地追趕時間，那妳一定就是天底下最幸福、最快樂、最自由自在的女人。

貼心提醒

身為一個美麗的女人，妳應該真心誠意地去愛時間，它勝過妳衣櫥裡的任何一件名牌時裝，比妳梳妝臺上任何一款美膚產品更為有效，它能帶給妳與眾不同的氣質與美麗，但前提是妳要尊重它，珍惜它，不要隨意浪費它。

幸福是一種心態

小楊是一個幸福的女人，她身邊的女人在提到她時都會帶著羨慕的眼神，從事業的成功到生活的精彩，她的經歷讓正在追求追求幸福的女人羨慕不已。除了事業上的成功，小楊還有一個幸福的家庭，一個相知相守的丈夫，兩個可愛活潑的孩子，是的，不誇張地說，小楊幾乎擁有了女人夢寐以求的全部，這樣的小楊自然是一個幸福的女人。但幸福不是幸運，幸福是需要一個人去感受的，而且只有懂得感受的人才能感覺到人生的幸福，小楊是個幸福的人，這並非她的幸運，而是源自她的好心態，好心態才是發現幸福的眼睛！

那生活中的妳幸福嗎？妳有發現幸福的「眼睛」嗎？無論妳的回答是肯定還是否定，但有一件事是毫無疑問的，那就是，女人們願意用一生去尋求幸福，並願意付出所有來換取那屬於自己的幸福感。

那幸福究竟是什麼呢？究竟誰能給出幸福的標準呢？是上帝還是妳自己？

有人說，幸福本是一種心靈體會，是一種安於平淡生活的樂觀心態，這種心態決定著女人後半生的幸福。事實上，幸福就在妳的身邊，甚至妳唾手可得，但如果妳沒有一顆能夠感受幸福的心，妳也只能與幸福擦肩而過。這麼說來，女人的幸福是由誰來決定呢？答案顯而易見——心態！

然而，現實生活中，有太多的女人卻沉浸在抱怨之中，她們總是覺得自己這不幸福，那不幸福，覺得上天對自己非常不公平，卻不願意花點時間找找自身的原因。這就好比妳和幸福約好了下午見面，而妳卻在上午或者晚上的時候去等幸福，那自然只能是空等了。

韓秀美今年25歲，她常常覺得全世界都在捉弄她。自己找的男友沒有別人好，別人都開著轎車上班，她卻每天為了等輛有座的車而煩惱。好不容易熬到休息日，想著逛逛街吧，又因為找不到適合的衣服而煩惱，於是開始質問男友，人家都那麼有錢，都穿貂皮大衣，背著LV的包包，只有自己還在為有上衣沒褲子搭而煩惱，接下來，兩個人大吵一架，週末計畫也泡湯了。

某個中午，韓秀美去見一個合作公司的客戶，在去之前，她就打聽好了對方的底細，36歲，有兩個孩子，離婚，一個孩子歸男方，自己帶著一個女孩，在那家公司打拚了8年才做到行銷主管的位置。見面前，韓秀美就覺得自己今年才25歲，是公司的行銷部主管助理，沒有孩子沒離婚，這麼說來，對方的確很不幸。

但韓秀美卻大錯特錯了，因為讓她出乎意料的是，迎接她的是一張充滿快樂、洋溢著幸福的笑臉，而不是一張因為疲憊和不幸而布滿憂鬱的臉，在交談的過程中，她感覺到公司的每個人都很喜歡這個36歲的行銷部主管，總是一口一個姐地叫著，還時不時地有年輕的員工送上一杯自己帶來的咖啡。韓秀美一邊看著企劃書，一邊想，比她過得好的人數之不盡，她究竟有什麼好開心的呢？為什麼她的臉上總是洋溢著幸福的微笑呢？

晚上次家後，韓秀美就和一個要好的姐妹淘，聊起了有關幸福的話題，韓秀美覺得不用上班，有花不完的錢，事事順心就是幸福，卻被姐妹淘一句反問問得啞口無言，「妳覺得什麼樣的生活才是事事順心的生活呢？」

韓秀美回答不上來，她只是單純地以為自己不幸福，總是以物質水準的高低來衡量幸福的程度。

韓秀美又問她的姐妹淘，「妳覺得怎樣的生活才是事事順心的，才算是幸福的生活？」過了一會，那邊回覆了一排小字：「幸福不是一種感官，而是一種感覺，妳讓自己覺得幸福，那久而久之，妳就會生活得很幸福。反之，妳總是覺得自己活得不開心、不幸福，那即使幸福就在妳身邊，妳也感覺不到。所以說，想要事事順心、幸福，妳首先得讓自己的心順暢，保持樂觀的心態看待每一天的日出日落，這樣一來，妳自然就幸福了；不然像妳這樣，天天抱怨東抱怨西的，有一點小事就覺得自己不幸，能幸福才怪呢，遲早會變成怨婦」。

韓秀美看著朋友發來的文字，無奈地笑笑，雖有玩笑之言，但卻甚是有道理，於是韓秀美決定從明天開始換一種方式生活。

同樣是早起，但與往日不同的是，韓秀美沒有像平日一般喪著臉洗臉，而是精神飽滿地告訴自己，新的一天要幸福，讓自己保持樂觀的心態。她走到經常去的早餐店，面帶微笑地叫上早餐，竟然意外的發現平時覺得難吃的早點今天卻格外好吃，到了公司，和同事們笑著問早，發現原來他們也沒有想像中那麼冷漠。

同樣的8個小時，但韓秀美明顯意識到今天的8小時是不同於往常的，她覺得今天的自己是在幸福中度過的，回到家，韓秀美馬上在自己的部落格寫上了一句話：「幸福其實很簡單，只不過需要換種心情罷了。」

生活中像改變前韓秀美一樣的女人不在少數，這些女人終日鬱鬱寡歡、指責抱怨，但事實上，她們的生活狀態真的有那麼糟糕嗎？

當然不是的，是她們的心態作祟罷了。心理學家把這種以自己錯誤的認知來判斷自己生活的行為稱之為「投射效應」。在現實生活中，具有「投射效應」心理的女人總是以一種悲觀的心態來衡量事物，當然也包括離她們很近的幸福，這樣一來，她們自然無法感受到幸福的存在。反之，如果妳樂觀積極地看待周圍的事情，妳就會如同煥然一新的韓秀美一般，覺得生活中處處充滿著美好，那些妳原本覺得不好的事物也會因為妳心態的改變而變得美好起來，這樣，幸福就會自然地朝妳身邊靠攏啦！

一個擁有良好心態的女人，總是充滿熱情，慣於用好奇的眼神去審視這個世界，更容易發現生活中的美好，更能體會到那些常被人遺忘的小幸福。

所以，美麗的妳想要成為一個幸福的女人，就必須讓自己保持良好的心態，尤其是在這個色彩斑斕、不斷變化的社會中，妳每天要面對太多陌生的人或事，也有太多的選擇，因此不可避免會感到迷茫，不知道該何去何從，如何繼續今後的生活……在眾多困擾妳感受幸福的因素中，好心態起著決定性的作用。

在現實生活中，幸福的女人通常都有著積極樂觀的心態。如果妳擁有這種心態，就等於妳擁有了幸福，因為它就如同一雙會發現美的眼睛，會帶著妳去發現生活中點點滴滴、方方面面的幸福，讓妳有動力、有追求，有感知幸福的能力。因此，朋友們，為了讓我們短暫的生命永遠被幸福圍繞，從現在開始，為自己修練好心態吧！

貼心提醒

一個擁有良好心態的女人，總是充滿熱情、慣於用好奇的目光去審視這個世界，更容易發現生活中的美好，更能體會到那些常被人遺忘的小幸福。

做一個智慧女人

什麼樣的女人最美？是有精緻的容貌還是出類拔萃的氣質？精緻的容貌總能給人一種美好的印象，但對於女人來說，漂亮的容貌會隨時間而慢慢逝去，唯有優雅的氣質才會長久留存。

生活中不乏漂亮的女人，但漂亮的女人不一定具有優雅的氣質，而那些漂亮又智慧的女人則一定是優雅迷人的，智慧會讓女人更加美麗。

小羽就是這樣的一個女人，漂亮而智慧。小羽的美成就於她優雅的氣質，而她的優雅是深邃的，是以不停的思考為基礎的。沒有思考，就不會有小羽臉上的那種獨特的味道。對很多人來說，小羽並不算美麗，但她總能給人一種美好的感覺，她身上的優雅是一種「奇異」的造就。如果她不曾執著自己的事業，不斷地充電，不曾面對理想從容捨得……她的美就一定不會成為今天的樣子。

智慧的女人是懂得生活情趣的女人，她會透過各種方法讓自己的婚姻、愛情保鮮。智慧的女人從來不會吝嗇表達自己的情感，她能夠遊刃有餘地扮演好生活中的各種角色，工作中努力專注，回家後，溫柔賢淑……

智慧的女人，尊重「三三三」原則：三立、三養及三力。所謂三立，是指經濟獨立、能力獨立、思想獨立；三養是指懂得保養自己、懂得營養、注重提升自身的修養；三力是指擁有美麗、能力和魅力。

智慧的女人也是精明的投資型女人，她善於投資生活，她懂得為自己的健康投資，為美麗和頭腦投資，她總是會抽出些時間去關注當下的時尚流行，閱讀幾本好書，她未必追風潮、趕時尚，但一定能掌握潮流趨勢。

智慧的女人大都對錢有著自己的認識，具備駕馭財富的能力。

智慧的女人會讓自己永遠保持兒童般的好奇心、嘗試心、平常心，懂得在平淡的生活中尋找樂趣，發現平凡中的美麗。

智慧的女人同時也都是自信的女人，她們的自信總是表現得恰到好處，從不會自負，更不會自傲。

智慧的女人，她們獨立卻不孤立，低調卻從不低俗……這樣的女人難道不是最美的嗎？

如果妳也想成為智慧的女人，那現在就行動起來吧，保持良好的心態，為自己找到準確的定位，恰當地控制好自己的情緒，學會投資生活，懂得欣賞生活，珍惜擁有的一切，理性看待感情與婚姻，就如小楊說的那般：「婚姻最堅韌的紐帶不是孩子，也不是金錢，而是精神上的共同成長……」智慧的女人應該學會讓自己在生活中成長，在感情中成長！

貼心提醒

智慧的女人會讓自己永遠保持兒童般的好奇心、嘗試心、平常心，懂得在平淡的生活中尋找樂趣，發現平凡中的美麗。

國家圖書館出版品預行編目資料

女人三十PLUS：男人三十而立，女人三十而「慄」？一本書讓妳事業與愛情都兼顧，零壓力享受自己的輕熟時代！/ 章含，洪子 編著. -- 第一版. -- 臺北市：崧燁文化事業有限公司, 2022.10
面； 公分
POD版
ISBN 978-626-332-778-8(平裝)
1.CST: 成功法 2.CST: 生活指導 3.CST: 女性
177.2　　111014986

官網

女人三十 PLUS：男人三十而立，女人三十而「慄」？一本書讓妳事業與愛情都兼顧，零壓力享受自己的輕熟時代！

臉書

編　　著：章含，洪子
編　　輯：曾郁齡
發 行 人：黃振庭
出 版 者：崧燁文化事業有限公司
發 行 者：崧燁文化事業有限公司
E-mail：sonbookservice@gmail.com
粉 絲 頁：https://www.facebook.com/sonbookss/
網　　址：https://sonbook.net/
地　　址：台北市中正區重慶南路一段六十一號八樓815 室
Rm. 815, 8F., No.61, Sec. 1, Chongqing S. Rd., Zhongzheng Dist., Taipei City 100, Taiwan
電　　話：(02)2370-3310　　　傳　　真：(02) 2388-1990
印　　刷：京峯彩色印刷有限公司（京峰數位）
律師顧問：廣華律師事務所 張珮琦律師

- 版權聲明

本作品中文繁體字版由五月星光傳媒文化有限公司授權台灣崧博出版事業有限公司出版發行。未經書面許可，不得複製、發行。

定　　價：350元
發行日期：2022年10月第一版
◎本書以POD印製